迈向社会治理共同体

社会组织参与社会治理项目设计案例

王 杨 姚远征 著

中国出版集团 東方出版中心

图书在版编目（CIP）数据

迈向社会治理共同体：社会组织参与社会治理项目设计案例／王杨，姚远征著. —上海：东方出版中心，2022.4

ISBN 978-7-5473-1989-5

Ⅰ.①迈… Ⅱ.①王… ②姚… Ⅲ.①社会管理－案例－中国 Ⅳ.①D63

中国版本图书馆CIP数据核字（2022）第051943号

迈向社会治理共同体：社会组织参与社会治理项目设计案例

著　　者　王　杨　姚远征
责任编辑　戴浴宇
装帧设计　钟　颖

出版发行　东方出版中心有限公司
地　　址　上海市仙霞路345号
邮政编码　200336
电　　话　021- 62417400
印 刷 者　山东韵杰文化科技有限公司

开　　本　787mm × 1092mm　1/32
印　　张　10.5
字　　数　165千字
版　　次　2022年4月第1版
印　　次　2022年4月第1次印刷
定　　价　58.00元

序　言

近年来，基层社会治理在国家治理体系中的重要作用受到前所未有的重视。在基层社会治理体系不断完善的过程中，社会组织的主体性地位和作用不断突显，社会组织参与社会治理已经成为新时代基层治理的重要组成部分。

在中国特色的政社关系下，社会组织参与社会治理具有与西方国家不同的特点，社会组织作为重要的社会力量，在党委领导、政府负责的社会治理共同体中，通过专业性服务供给和组织化的群众动员，发挥着社会协同的作用，为“中国之治”奠定了重要的组织基础。在社会治理的各个领域，社会组织积极提供力所能及的公共物品，这个过程离不开社会组织对社会问题的感知、对社会需求的研判和对服务供给方式的探索。

本书由两位作者合作完成，两位作者分别作为社会组织项目的设计督导和项目设计负责人，在社会服务领域有近十年的合作经历。作为研究社会组织的学者，本书第一作者长年来指导了包括北京市丰台区乐助社会工作事务所在内的多家社会组织开展项目设计，积极参与社会治理的各个领域，尝试将学术研究与实务指导相结合，不断将学术研究的成果付诸实践。同时，作者还积极开展行动研究，针对社会组织参与社会治理实践中的各类经验做法，以及面临的制度、组织和行动等方面的困境，进一步进行深入的学术探讨。近十年来，作者指导社会组织的社会服务项目设计数十项，在项目跟踪基础上完成相关的学术论文十余篇。作为社会组织的负责人，本书第二作者带领团队的社工深耕社区，坚持在社区中发现真问题，反思理论和方法，运用创新理念和专业服务解决问题，在青少年服务、弱势群体支持、老年服务、社区便民服务和参与式治理等方面进行了长达十年的探索。在积极参与社会治理的过程中，设计创新、实用的实务项目 30 个，设计了“梦飞行”“邻帮邻”“老年友善社区建设”等多个品牌服务项目，总结了“全动员服务模式”“老年友善社区建设模式”等本土化社区治理工作经验，并基于工作经验完成了研究论文 2 篇。

本书是一本社会组织管理类读物，整合了社会组织参与社会治理的理论框架和项目设计案例。项目设计分为五个部分，分别是青少年服务项目设计、社会救助项目设计、老年服务项目设计、社区公共服务设计和社区治理项目设计，涵盖了社会组织参与基层社会治理的主要领域。本书的全部案例均来自北京市丰台区乐助社会工作事务所自主设计的社会服务项目，大多数项目已实际开展，部分项目有多期延续并获得各级政府部门奖励。本书作者将近十年的探索成果与学术界及实务界分享，期待能够抛砖引玉，激发读者探究项目设计、积极投身社会治理的兴趣，并引发读者的思考、批判和讨论。

从不被认可到被接受，从向西方学习到探索中国特色，我国社会组织参与社会治理经历了长期的努力过程。社会组织工作的参与者用专业性与执着证明自己的力量虽然有一定的难度，但是“中国之治”正给予着每位参与者无限的潜力和精彩纷呈的未来。希望本书能够见证社会治理领域的“追梦者”用专业力量再度启航。

王　杨

2020 年 3 月于北京科技大学

目　录

绪　论　社会组织参与社会治理 /1

第一章　青少年服务项目设计 /11

第一节　成长辅导项目设计 /13

项目一　“爱心之旅”——社区困境儿童正向引导计划 /13

项目二　“骄阳似我”——城市社区困难青少年多元智能发展项目 /17

项目三　“乐享童年”——社区低保家庭未成年子女个体发展社会工作服务项目 /21

项目四　“为孩子带去绚丽动听的世界”——听障儿童社会支持服务项目 /26

项目五　“职因有你”——待业大学毕业生发展支持社工服务项目 /31

项目六　社区低保家庭儿童正向教育引导与社会融入社会工作服务项目 /35

项目七 “梦飞行”品牌推广——社区儿童青少年
正向人生发展辅导社工服务项目 /40
第二节 家庭综合支持项目设计 /44
项目一 “不再孤单”——失独家庭社会
支持服务项目 /44
项目二 “超级奶奶”——隔代教育服务项目 /47
项目三 城市双职工家庭子女托管社会服务项目 /52
项目四 城市双职工家庭关系改善社会服务项目 /55
项目五 外来务工家庭抗逆力提升社会工作
服务项目 /58
第三节 偏差行为矫正项目设计 /62
项目一 “爱不离”——社区边缘青少年心理支持与
犯罪预防项目 /62
项目二 “梦飞行”推广项目——社区青少年正向人生
发展辅导及行为偏差矫正社工服务项目 /66
项目三 社区新困境儿童偏差行为综合辅导与
亲职教育社会工作服务项目 /71

第二章 社会救助项目设计 /75
第一节 困境家庭救助项目设计 /77

项目一　“低保脱困三部曲”——社会工作介入城市低保家庭增能项目　/77
项目二　困难群众救助服务所精准帮扶项目　/80
第二节　困境儿童保护项目设计　/89
项目一　儿童福利和保护综合服务项目　/89
项目二　困境儿童家庭巡访探视项目　/95
第三节　低保家庭评估项目设计　/100
项目一　建立新增社会救助对象帮扶台账项目　/100

第三章　老年服务项目设计　/109
第一节　适老化社区建设项目设计　/111
项目一　建设老年友善社区，构建幸福美好家园服务项目　/111
项目二　社会工作介入军休老干部综合服务项目　/115
第二节　居家养老服务项目设计　/123
项目一　“夕阳别样红”——社会工作介入贫困空巢老人多元需求服务项目　/123
项目二　居家康复·乐享晚年项目　/130
项目三　社会工作介入社区高龄老人居家养老服务计划　/135

第三节　社区老年互助项目设计　/140
项目一　“邻帮邻”——社会工作介入邻里互助服务试点项目　/140

第四章　社区公共服务项目设计　/145
第一节　社区文化建设项目设计　/147
项目一　“传统文化润社区”——以社区德治为切入点的社区文化营造项目　/147
项目二　“花样年华·文化传承润少年”——社区青少年传统文化教育项目　/153
第二节　社区流动人口服务项目设计　/158
项目一　“心的寄托”——流动人口公共安全教育及城市融入服务项目　/158
项目二　“心的寄托”二期——社区流动人口公共安全意识提升及社会参与项目　/163
第三节　社区服务资源引入项目设计　/168
项目一　“乐助春风行动”——高校青年教师社区志愿服务精准化促进项目　/168
项目二　“乐助春风行动”二期——高校青年教师社区志愿服务计划项目　/172

第五章　社区治理项目设计　/177

第一节　社区社会组织培育项目设计　/179

项目一　街（乡/镇）社会工作服务项目　/179

项目二　区街（乡/镇）两级社会组织孵化中心建设项目　/185

项目三　社会工作助力社区社会组织培育孵化项目　/190

项目四　社会组织体系建设项目　/195

项目五　“幸福同心圆”——社区社会组织建设项目　/202

第二节　社区议事协商项目设计　/206

项目一　“民意代表团”建设——老旧小区居民参与社区环境治理服务项目　/206

项目二　“助力和谐”——老旧社区矛盾消解社会工作服务项目　/210

第三节　垃圾分类社区动员项目设计　/214

项目一　FT 区“益+”人——社区垃圾分类倡导计划　/214

第四节　老旧小区居民自治项目设计　/219

项目一　“旧貌新舍”——老旧小区居民自我管理

能力提升项目 /219
项目二 “旧区焕新”——老旧小区居民自治助力社区治理项目 /223
项目三 “我的社区，我做主”——社区自治与邻里互助项目 /228

附 录 老年友善社区建设成果报告 /235
D 街道老年友善社区建设成果报告 /237
第一部分 老年友善社区概述 /237
第二部分 建设老年友善社区的必要性和紧迫性 /240
第三部分 D 街道老年友善社区建设的探索和发展 /243
附：调研数据 /266

参考文献 /311

后 记 /321

绪　论

社会组织参与社会治理

社会组织是社会治理的重要主体，社会组织参与社会治理是建设社会治理共同体的应有之义。党的十八大报告提出，要“加快形成政社分开、权责明确、依法自治的现代社会组织体制”，释放了党和国家高度重视社会组织工作的重要信号。十八届三中全会决定要求“创新社会治理体制”，要“改进社会治理方式”“激发社会组织活力”，明确了社会治理与社会组织之间的关系。2016 年，中共中央办公厅、国务院办公厅印发《关于改革社会组织管理制度促进社会组织健康有序发展的意见》，指明走“中国特色社会组织发展之路”的发展方向，提出要“充分发挥社会组织服务国家、服务社会、服务群众、服务行业的作用”。党的十九大报告指出，要“加强社区治理体系建设，推动社会治理重心向基层下移，发挥社会组织作用，实现政府治理和社会调节、居民自治良性互动”，进一步充分肯定了社会组织在基层社会治理体系中的作用，并提出了实现社会调节与政府治理及居民自治互动的目标。党的十九届四中全会提出，要“健全社区管理和服务机制，推行网格化管理和服务，发挥群团组织、社会组织作用”，指出社会组织应当在社区管理和服务中发挥重要作用。党的十九届五中全会提出，发挥群团组织和社会组织在社会治理中的作用，畅通和规范各类社会力量参与社会治理的途径，明确了社会组织作为社会力量参与社会治理的定位与相应作用。《中共中央 国务院关于加强基层治理体系和治理能力现代化建设的意见》提出，“完善社会力量参与基层治理激励政策，创新社区与社会组织、社会工作者、社区志愿者、社会慈善资源的联动机制”，进一步强调了社会组织作为基层治理的社会力量，应当与其他社会治理主体形成联动，积极参与社区治理。

党的十八大以来，随着中央一系列关于社会组织工作的政策措施的出台，社会组织改革发展迈入新时代。社会组织数量快速增长，社会组织类型逐渐多样，社会组织业务范围不断拓展。根据民政部 2020 年民政事业发展统计公报的数据，截至 2020 年年底，全国共有社会组织 89. 4 万个，其中慈善组织只占 1%左右，全国社会组织捐赠收入 1 059. 1 亿元。随着政府购买社会组织服务的规模扩大，社会组织开始广泛参与社会治理，特别是基层社会治理。研究表明，社会组织在社会治理中的广泛参与有助于促进社会治理的社会化，弥补政府治理政策的失灵，提高公共服务供给效率①。社会组织参与社会治理的现实意义具体包括以下三个方面。

首先，优化公共服务资源配置。政府购买社会组织服务是鼓励和支持各类社会组织和社会力量积极参与社会治理、承担社会公共事务和提供社会公共服务的重要方式。社会组织承接政府购买服务项目或运用社会慈善资源参与社会治理，成为一种社会公共服务产品的生产组织，进行的是合作性生产活动。社会组织由于其民间性及自下而上的特征，可以成为公共服务资源配置的中间节点，迅速对各种资源要素进行整合，使公共服务的生产效率更高。这是由于社会组织对社会治理场域中的各类资源更为熟悉，对各类社会群体的需求也更为了解，可以将公共服务资源提供给更有需要的人，因此其产出公共服务的边际成本一定低于政府或基层社区提供公共服务的边际成本，可以提升社会资源的利用率，从而形成资源的可持续性发展。从这个层面上说，社会组织在社会

---

① 王杨:《社会组织在社区治理中的合法化路径与策略——基于北京市一个草根社会组织的个案研究》,《中州学刊》2018 年第 12 期，第 79—84 页。

公共服务供给方面具有不可替代的重要作用。而且，随着社会组织不断发展成熟，其在社会需求汇集、社会资源动员和整合方面发挥的功能，将更为凸显。

其次，是治理社会化转型的关键环节。建设社会治理共同体的关键是正确处理政府和社会的关系，使政府、社会和居民各自发挥作用，形成良性互动，共建、共治、共享。在社会治理共同体中，政府治理能力的提升是政社关系调整的前提，政府能力的提升需要首先转变政府职能。在我国传统的社会治理中，政府“包揽性”管理的特征比较明显，需要从“包揽型”管理向“嵌入性”治理转变，“社会治理在主体、制度、资源、技术等方面嵌入的社会性要素日益凸显，城市治理需要向社会化治理模式转型，在这个转变过程中，社区社会组织扮演着重要角色”①。社会组织源自社会，可以主动承担部分社会动员、公共服务供给、社会秩序维持等功能。并且，大量社会组织的成员从同一区域、同一类型的人群中产生，有利于提升社会公众对公共事务的参与度，形成集体行动的内生动力和互动需求，推动社会治理的“社会性”发展。

---

① 唐鸣、李梦兰：《城市社区治理社会化的要素嵌入与整体性建构——基于“第三批全国社区治理和服务创新实验区”的案例分析》，《社会主义研究》2019年第4期，第103—111页。

再次，是推动形成社会治理共同体的组织纽带。社会治理共同体的理念强调共建、共治、共享，治理的主体不再是单一政府，而是强调多元主体、社会力量的广泛参与，充分发挥各类企事业单位、社会组织和社会公众的作用。随着社会组织的活动范围逐渐延伸到社区、学校、企业等基层领域，社会组织的功能嵌入使之成为基层各类治理主体合作的桥梁和纽带。由于原子化的个体难以广泛有序参与到社会治理中，社会组织逐渐成为各类人群参与的组织化平台，拓宽了市场主体、社会工作者、志愿者、居民群众等各类人群参与社会治理的途径。可见，“社会组织是政府行政力量之外重要的城市结构性力量，社会组织开展的治理是社会治理的重要组成部分”①。因此，社会组织在推动形成社会治理共同体中具有不可替代的作用。社会组织通过广泛参与，逐渐成为社会治理网络结构中的重要节点，连接各类型治理主体，并推动多元主体的互动，促进资源的正向流动，形成持续的治理产出。因此，只有在拥有丰富的社会组织的基础上，社会治理网络中的多元主体按照一定的机制进行互动，才能形成多主体共建、共治、共享的合力，提高社会治理的效能。

① 王向民、鲁兵：《社会组织治理的“法律—制度”分析》，《华东师范大学学报（哲学社会科学版）》2019 年第 5 期，第 43—52 页。

伴随着政府职能转型，社会组织在基层治理中被赋予了更多的角色。然而，社会组织参与社会治理还存在一些问题和制约。外部制约主要在于约束性的制度环境，我国社会组织的发展得益于制度环境的改善，但是其发展的制度环境有一个重要的特征是“宏观鼓励与微观约束”①。政府对社会组织的微观扶持和对具体困难的解决程度有限，往往社会组织发展的制度空间大于实际行动空间。一些地方政府基于风险控制目标导向，会根据偏好筛选社会组织发展的重点领域②，社会组织难以实现规模化发展，难以形成完整的行业生态链，导致较大比例的社会组织经费来源不足。内部制约主要是社会组织发展不平衡、不充分的矛盾。首先，社会组织的发展存在区域、类型上的不平衡。由于我国各地经济社会发展程度的不同，各地对于培育和发展社会组织的政策存在差异，因此各区域社会组织在发展总量、结构分布、能力水平、作用成效等方面均表现出了不同的状况与特征。其次，从社会组织的分类来看，登记为民办非企业单位、社会团体的社会组织比例较多，基金会的比例较小，近几年，虽然公益慈善

① 杨志云:《策略性收放：中国社会组织监管机制的新阐释》，《行政管理改革》2016 年第 8 期，第 60—65 页。

② 黄晓春:《当代中国社会组织的制度环境与发展》，《中国社会科学》2015 年第 9 期，第 146—164 页。

与社会服务类社会组织占比大幅增长，但是总占比不大。再次，社会组织发展不充分，存在能力、专业性不强等问题。社会组织积极参与社会治理需要较强的专业性和能力基础。然而，目前部分社会组织欠缺专业服务能力，包括对社会问题与需求进行评估、设计创新性问题解决方案和提供专业化社会服务的能力，内部规范化管理和多元化资源筹措能力，项目和组织的品牌化建设能力。

为进一步提高自身参与社会治理的专业性和能力基础，社会组织需要着力在参与社会治理的项目设计方面发挥专业优势，进行充分准备，以响应社会需求，在社会治理共同体建设中发挥积极作用。本书基于北京市 FT 乐助社会工作事务所自 2012 年以来的项目设计方案（这些方案分为青少年服务项目、社会救助项目、老年服务项目、社区公共服务项目和社区治理项目五种类型），从多个领域展现了社会组织通过专业化服务设计积极参与社会治理、推动建设社会治理共同体的实践经验，促进了学术交流，为社会组织参与社会治理提供项目设计参考。

第　一　章

青少年服务项目设计

第一节　成长辅导项目设计

项目一　“爱心之旅”——社区困境儿童正向引导计划

一、背景介绍

1. 项目名称

“爱心之旅”——社区困境儿童正向引导计划

2. 服务对象

困境家庭（低保和低收入家庭）子女，简称“困境儿童”

3. 项目面向的社会需求

贫困文化被认为是贫困代际传递的原因之一。本机构根据服务经验，对家庭贫困产生的原因进行了分析。对家庭成员的状态进行梳理后，我们发现贫困家庭中的成员存在福利依赖的现象，部分贫困家庭中孩子的价值观出现偏差；自信心和自尊感较低，难以应对挫折和困难；缺乏目标理想和合理的人生规划，无法获得成功；在心理上，更容易产生排斥、反社会等负面心理；在行为上，更易发生偏差行为和社会越轨行为，从而导致贫困的代际传递。

二、项目目标

1. 为困境儿童开展正向引导计划，通过能力建设、友师计划及微小梦想计划，帮助他们以个人的优势建立正面情绪和乐观品格，强调正面元素，包括乐观、互助等；帮助他们发掘个人和社会的优点，培养个人品德，增强抗逆力的培养。满足困境儿童在成长中的安全教育需求，引导儿童积极面对人生的压力和挑战。

2. 协助困境儿童认识、分享并寻找社会资源，开展公益研学活动，引导困境儿童从相同背景的同伴中获得同感，并理解他人接纳自己。

3. 组织开展研学分享活动，协助困境儿童寻找自己的优势，从而使他们实现不断地改进和成长。

三、项目内容

1.“心成长”——正向引导计划

以正向心理学为理论基础，透过社会工作专业方法，协助困境儿童在专业社工活动中发掘自己的潜能和优点，建立积极的思想和乐观的人生态度。通过活动过程及儿童之间的互动经验分享，强调儿童思考活动的意义，与组员相互沟通学习；帮助儿童欣赏自己和他人，学会正确沟通与表达，合理订立目标，从而提升动机，促进成长。

（1）“积极人生”能力建设培训。通过前期项目的宣传走访，了解儿童的兴趣需求和成长中的安全教育问题。在本计划中，社工将协助困境儿童认识、分享并寻找社区已有的社会资源，进而利用这些资源让困境儿童拥有快乐、丰富的生活。调动专业人士、志愿者的资源，以个案和社区工作为主，开展“家庭安全教育”“我是手工达人”“画出我的梦想”等能力建设活动，通过调动社区的有效资源，在一定程度上满足困境儿童的兴趣需求，提升其个人能力水平，为其安全成长保驾护航。

（2）友师发展计划。通过前期开展的能力建设服务，收集困境儿童的兴趣爱好，根据其爱好及向往的领域进行分类管理，同时面向高校及社区招募志愿者，辅导儿童共同制订和实践个人发展计划，打造正向的自尊感及价值观，使他们树立靠自己向上流动的愿望。

（3）“梦发芽”微教育基金计划。运用项目自身资源，为困境儿童制作微小梦想心愿卡，为困境儿童的每张卡片匹配教育基金，帮儿童实现简单的小小梦想，引导儿童通过追逐梦想实现正向发展，并向家长宣传家庭教育的重要性，让家长意识到除去政策支持外，家庭成员自身也要树立起正确的家庭教育认知，鼓励家长为教育储蓄。

2.“爱之旅”——公益研学计划

困境家庭产生的原因之一是社会联结的中断，很多家庭面临着社会支持网络缺失的问题。在本计划中，社工将协助FT区困境儿童认识、分享并寻找已有的社会资源，进而利用这些资源激发起困境儿童潜在的公益心和社会责任感，协助他们建立励志向上的人生态度。

（1）“我是‘爱心大使’”公益机构参访活动。在本计划中，我们相信每位孩子都有其独特性和潜能，会利用假期时间，组织社区困境儿童前往WABC无障碍艺途、红丹丹视障文化服务中心、北京星星雨教育研究所等机构，为智障、自闭症、视障等特殊群体服务的公益机构进行参观研学，让困境儿童了解特殊群体和弱势群体面对的生活困境及公益机构发展现状，激发他们潜在的公益心和社会责任感，协助他们建立励志向上的人生态度。

（2）“思享萌芽”研学分享。我们在前期组织社区困境儿童前往公益机构研学，在本阶段，我们将以分享课和社区工作的方式，开展公益参访分享课和志愿服务活动，在介绍基本公益领域知识的基础上，组织儿童参与公益机构服务，让儿童在公益活动中体验帮助他人的乐趣，并在活动结束后以文字或者图画的形式分享研学感受，在分享中，他们会发现自己还有被别人羡慕的地方，从而重新认识和接纳自己。

项目二 “骄阳似我”——城市社区困难青少年多元智能发展项目

一、背景介绍

1. 项目名称

“骄阳似我”——城市社区困难青少年多元智能发展项目

2. 服务对象

困境家庭中自信心弱、自尊心低的青少年；社会交往能力欠缺的青少年与他们的家庭

3. 项目面向的社会需求

（1）部分困境家庭中青少年智能发展受到阻碍。困境家庭作为社会中的弱势群体，家庭成员多以低薪水工作谋生，

家庭成员将大部分的时间与精力用于家庭经济的维持上，忽略了家庭中的学龄儿童，而在很多困境家庭缺乏对青少年“非智力因素”的培养与支持。青少年在这一阶段的成长过程中有培养自我认同的发展需求，只有通过认识自身智能的多方面性，积累不同的成功经验，青少年才能提升自尊感，克服生活、学习中可能遇到的挫折和困难。社会竞争的激烈性和复杂性要求城市社区青少年具备更加多样化的智能，以应对社会挑战。

（2）多元智能发展可以促使困境家庭青少年挖掘优势智能。每个青少年都有值得骄傲的一面，通过给予他们充分的发展，可以帮助他们挖掘自己的优势智能，充分发展自己的潜能，为他们提供更多的发展机会。多元智力理论能为青少年争取更多的习得公平，提倡在生活中关注个体差异，发展青年的优势智能，使用多元认知途径对青年进行智能开发。在开发过程中，父母需要参与活动，同时也需要社区积极配合。只有社会、家庭、社区几个方面形成合力，才能促使每一个青少年的优势智能得到更好的发展。

二、项目目标

1. 通过开展“骄阳似我——多元走近家庭”体验课程，

提高困境家庭青少年对多元智能发展的认知与重视，了解个体差异及自身优势。

2. 组织“骄阳似我”优势智能成长小组，使社区青少年认识自己的优势智能，促进困境家庭青少年优势智能的健康发展。

3. 邀请服务群体参与“骄阳似我”强化拓展活动，展示多元智能学习成果。

三、项目内容

1. 困境家庭青少年多元智能体验课

“多元智能是人在特定情景中解决问题并有所创造的能力。‘智能本位评价’的理念，扩展了学生学习评估的基础，主张‘情景化’评估。”① 我们在机构专家团队的带领下，经过系列评估和需求调研，将在本板块中组织困境家庭中的青少年参加多元智能体验课程，主要课程包括：“你听我说”语言智能体验课、“谁把数字给了我”数学逻辑智能体验课、“未来建筑师”空间智能体验课、“说走就走”肢体运动智能体验课、“谁是歌唱家”音乐智能体验课、“我做领导者”人

① 《多元智能理论》，互联网文库资源（http：//www.360doc.com），2014－10－23 .

际智能体验课、“与自我对话”内省智能体验课、“用它的眼睛看世界”自然观察智能体验课。通过活动的开展，使参与活动的青少年认识多元智能理论，并且根据自己的特点及兴趣爱好参与到体验课程中去，通过体验课程发现自己的优势智能，并不断地进行自我认知，在一定程度上促进困境家庭中的青少年及其家长的实践创新能力、逻辑思维能力、运动能力及领导力等各项综合能力的提升。

2. 困境家庭青少年小组活动

我们通过“骄阳似我——多元走近社区”体验课程的开展，逐渐深入社区，根据不同困境家庭青少年的需要，不断总结、完善体验课程的内容，与此同时针对在“语言智能”与“空间智能”方面个体差异明显的青少年，我们依据优势智能及优势视角理论，开设优势智能成长小组，使得社工更加紧密地关注社区青少年在学校及家庭中所发挥的优势智能，促使家庭建立良好的亲子关系与学习环境，推动青少年在智能上的全面发展。

3.“骄阳似我”强化拓展活动

青少年通过参与课程及小组活动，相应的智能得到提升，为了让其优势智能得到应用，我们将设定个人及小组挑战赛，结合社区大型活动、学校课堂活动以及户外体验活动，让青少年通过真实的生活情景实践自己学习到的经验、知识、技巧，帮助青少年在新环境中试用所学，强化青少年的积极收获。

项目三 “乐享童年”——社区低保家庭未成年子女个体发展社会工作服务项目

一、背景介绍

1. 项目名称

“乐享童年”——社区低保家庭未成年子女个体发展社会工作服务项目

2. 服务对象

社区中低保家庭中的 6 至 12 岁的未成年子女

3. 项目面向的社会需求

社会经济快速发展的同时，社会的贫富差距也在拉大。虽然政府层面制定了一系列的最低生活保障制度，并在经济及物质方面给予一定的帮助，但由于经济、教育等方面的限制，一些低保家庭中的未成年子女在生活自信、人际交往、社会参与及社会依赖方面存在不同程度的问题，这也给其成长带来诸多不利因素，甚至会使他们陷入贫困的代际传递。

社会工作在介入低保家庭未成年子女个体发展问题上，以相关的理论知识为基础，采用科学的方法和技巧，并发挥社工“资源中转站”的作用，采用“四位一体”（社工+志愿者+家庭+社区）的服务模式，围绕低保家庭未成年子女个体以及围绕改变未成年子女周围的生活环境开展系列的助人活动。

二、 项目目标

1. 为低保家庭未成年子女提供课业辅导，开展兴趣班以及能力建设培训，在一定程度上缓解低保家庭的教育压力。

2. 为服务对象提供个案辅导服务，组建低保家庭成长小组，通过开展小组服务，协助低保家庭之间建立互助支持网络，互相支持和学习。

3. 通过开展角色俱乐部、“巧手巧心”手工坊、集体生日会等活动，使低保家庭未成年子女的人际交往能力、动手能力等得到提升。

4. 通过线上众筹和线下资源整合两种方式，协助改变低保家庭未成年子女的学习和居住环境，引发社会的反响，鼓励居民自发志愿帮助社区内的低保家庭。

三、项目内容

1.“乐享学业”教育辅导计划

低保家庭未成年子女教育及个体发展的需求和普通家庭子女的需求是一样的，但由于贫困的代际传递，需要大量的课外辅导和兴趣班去弥补低保家庭未成年子女的教育缺失。

（1）课外学业辅导服务。发挥“资源中转站”的作用，通过两种途径满足低保家庭未成年子女对课外学业辅导的需求：一是由社工牵头，在“志愿北京”网站发布招募信息，招募相关专业的高校学生，以“社工+志愿者”的方式为有需要的低保家庭中的未成年子女提供“一对一”的课业辅导，满足低保家庭的教育需求；二是整合辖区内的有效教育资源，组建学习小组，利用周末或假期为低保家庭未成年子女开展集中式辅导，引导其树立向上流动的意识。

（2）兴趣培养与能力建设培训。通过前期对低保家庭的未成年子女进行课业辅导，了解其兴趣需求，对接周边的教育机构师资资源，为其开展兴趣培养及个人能力建设培训，计划开展诗朗诵、手工制作等课外兴趣小组以及阅读能力提升、作文能力提升等能力建设培训，在一定程度上满足低保家庭未成年子女的兴趣需求，帮助他们提升个人能力水平。

2.“乐享健康”心理调适服务计划

由于低保家庭处于生活贫困状态，家长无暇顾及孩子的身心发展情况，根据本机构社工前期开展的需求调研，我们发现开展心理方面的调适服务有助于低保家庭中的子女在成长过程中保持身心健康，他们的这一需求尤为迫切和强烈，因此在本板块中，我们将链接相关心理资源为其开展心理调适的各项服务。

（1）个案心理辅导。根据前期收集到的低保家庭未成年子女的需求，通过与低保家庭、社区、街道民政科进行对接，对有需要的低保家庭未成年子女及其家长进行个案辅导。在服务过程中，引导家长积极面对家庭目前的处境，协助家长认识到心理调适的重要性，帮助他们用正面的情绪影响子女；协助孩子正确看待家庭的生活状况以及父母所做的努力。

（2）建立家庭学习联动机制。建立有效的家庭和学校之间的联动机制，使各种教育资源能够从学校延伸到低保家庭，让其子女获得更多的关怀和帮助，从而实现低保家庭的和谐发展。在此过程中组建抗逆力提升小组、低保家庭成长小组，协助家长意识到家庭教育和学校教育的关系以及重要性，引导家长能够积极地与学校建立联系，加强与老师的沟通，能够认识到团队合作的重要性，并将正向的力量传递给孩子及其他家庭成员。通过“家校合作”的方式，在一定程度上实现低保家庭未成年子女心理的健康发展。

3.“乐享交友”社会化辅导计划

（1）角色俱乐部。为社区低保家庭未成年子女提供团队游戏、职业角色扮演游戏、信任游戏等等，并在这个过程中帮助孩子们适应不同的社会角色，使他们掌握表达、沟通、尊重等技巧，鼓励他们勇敢迈出人际交往的第一步，去结交更多的朋友，扩大自己的人际圈子。

（2）“巧手巧心”手工坊。为社区低保家庭未成年子女提供手工制作以及绘画等动手类的活动，可以在丰富儿童生活的同时，锻炼并提升社区低保家庭未成年子女的人际交往能力。在轻松的氛围里，鼓励孩子们多交流沟通，建立自己的支持网络。

（3）集体生日会。在这个环节中，低保家庭未成年子女可以邀请自己的好朋友来参加集体生日会，在集体生日会中，孩子们通过表演节目、互动游戏、赠送蛋糕等环节，可以锻炼自己的人际交往能力，同时培养自己的人际交往圈。

4.“乐享童年”生活环境改善计划

政府为低保家庭制定了相应的生活保障制度，但低保家庭由于没有稳定的收入来源或者易受重病、特大疾病的影响，没有能力改善生活居住环境，这可能会影响其子女的学习和身心成长。该计划将采用线上众筹和线下资源整合两种方式，协助改善低保家庭未成年子女的学习和居住环境。

（1）线上众筹。与街道及社区对接，通过实地查看，筛选出最需要帮助的低保家庭，在“腾讯公益”网发布“公益项目”，借助全社会的力量，对低保家庭中的未成年子女进行学习和居住环境改造，如更换健康学习桌椅，资助独立睡床、卧室分割墙等。

（2）线下资源整合。与街道联合，整合多个渠道的资源和力量，主动争取爱心企业、爱心人士的支持，进行生活环境改造。

项目四　“为孩子带去绚丽动听的世界”——听障儿童社会支持服务项目

一、背景介绍

1. 项目名称

“为孩子带去绚丽动听的世界”——听障儿童社会支持服

务项目

2. 服务对象

听障儿童及其家庭

3. 项目面向的社会需求

(1) 听力残障人士数量众多。“根据第六次全国人口普查及第二次全国残疾人抽样调查的数据推断，截至 2010 年年末，我国残疾人总人数 8 502 万人，其中听力残疾 2 054 万人，占残疾人总数的 24.1%，在各类残疾类型中位居第二位。”①

(2) 听障儿童父母亟待获得专业服务和支持。本机构在对部分有听障儿童的家庭进行走访后了解到，听力残疾儿童的照料人会面临更多的心理压力以及照料压力，主要表现在学业、人际关系的建立、未来发展等方面。照料人压力的增加极容易造成负面情绪的产生，这种情绪往往会直接传递给孩子。由于听障儿童的特殊性，他们的教育和生活离不开家庭成员的支持和理解，但通过前期的调研，我们发现听障儿童的父母在家庭教育和人际关系方面给予孩子的支持还有待提升，通过社会工作的介入及时为家庭

① 张晓熠:《政阵儿责康复项计划书》，华中师范大学硕士学位论文，2013 年，第 1 页。

成员提供心理安慰、情绪疏导，以及培训相关知识，使其能够面对困难、获得相应的家庭教育知识以及面对突发问题的应对技巧，将有利于听障儿童得到有效的家庭照顾。

二、项目目标

1. 以听障儿童及其家庭为重点服务对象，引导参与项目的听障儿童及其父母在一定程度上改变自闭、抑郁的生活状态，建立正向的自我认知和正向情绪。

2. 以听障儿童及其家庭的具体需求为切入点，综合运用微观、宏观的介入方法，将零散的服务活动变成一个有机整体，多种系列活动有序支撑。

3. 通过系列活动的开展，让听障儿童父母掌握科学照顾听障儿童的方法及良好的教育方式。

4. 通过听障家庭社会融入活动的开展，使听障儿童家庭形成自组织，能够定期自发组织活动，使其社会支持系统得到强化、人际关系得到改善。

5. 整合多元的社会资源，凸显志愿者的优势，在丰富听障儿童的生活的同时，也丰富志愿者的生活，使志愿者和听障儿童共同成长。

三、项目内容

（一）理论依据

“优势视角”是一种关注人的内在力量和优势资源的助人视角，强调“淡化问题，关注优势”，相信所具备的能力及其内部资源允许他们能够有效地应对生活中的挑战，认为应当把人及其环境中的优势和资源作为社会工作助人过程中关注的焦点。优势视角强调从积极的、优势的角度看待残疾人的潜能和显能，帮助残疾人发挥自己的潜能，改变他们对残疾的看法，树立对生活的信心；同时也强调通过把残疾人潜藏的优势呈现给公众，使社会公众改变其认为残疾人能力低下的错误观念，以积极的态度对待残疾人，从而为残疾人营造一个公平、公正的生存环境。

（二）服务内容

1. 听障儿童家庭心理支援活动

采用沙盘治疗、叙事疗法、音乐疗法等方法，为听障儿童及其父母提供心理辅导，协助听障儿童形成正确、正向的自我认知，协助其家庭振作精神、面对困难。

2. 听障儿童家庭专业康复技能训练营

对听障儿童家庭成员进行康复技能训练，使家庭成员也能够学习和掌握相应的康复知识，学习面对突发问题时的解决方法，与孩子一起面对问题，使听障儿童能够获得有效的家庭照顾。

3. 听障儿童家庭互助小组建立计划

在专业社工的帮助下，组织听障儿童家庭成立互助小组，在听障儿童家庭圈子内部形成助人、自助的社会支持网络，分享照顾听障儿童的经验，分享处理不良情绪的技巧，达到抱团取暖的效果。

4. “巧手巧心”听障家庭社会融入活动

利用社区开展相关活动，在学校、社区等人群聚集地推广宣传，提高特殊群体在社会中的关注度。由社工组织、带领、鼓励听障儿童及其家庭参与社会服务、社会实践活动，为听障儿童搭建与他人建立联系的平台，同时也让更多的社会公众了解听障儿童，近距离与其接触，消除公众对残障人士的误解，建立社会支持网络。

5. “声传遍地”关怀听障儿童志愿服务活动

建立服务听障儿童的志愿者团队，为其提供系列服务。具体包括：结对发音训练（志愿者与听障儿童结对，为其提供一对一服务，志愿者通过声带发音教孩子练习发音）、主题生日会（每月的最后一个周末，组织志愿者为听障儿童过集体生日，和孩子一起自制蛋糕，到节日的时候为孩子们做一些时令美食，一起庆祝)、手工 DIY（志愿者与听障儿童们开展手工 DIY 活动，包括绘画、书法、编织、泥塑等)、“聆听”自然(志愿者带领听障儿童到户外嬉戏，让其接触大自然、“聆听”自然的声音，在锻炼身体、陶冶情操的同时，鼓励他们融入社会大家庭)。

6. 公益义卖

在社区、人流集中地，将听障儿童制作的手工艺品、书法绘画作品进行工艺义卖，义卖所得全部用于听障儿童的手术费或者生活开支。

项目五 “职因有你”——待业大学毕业生发展支持社工服务项目

一、背景介绍

1. 项目名称

“职因有你”——待业大学毕业生发展支持社工服务项目

2. 服务对象

失业的大学生

3. 项目面向的社会需求

（1）失业大学毕业生是容易被忽视的服务对象群体。中国社科院的社会调查显示，随着高校扩招，普通高校毕业生失业率有逐渐升高的趋势。但是社会更多关注的是弱势的失业群体，如城市中年失业群体、贫困失业群体，对于高学历的失业大学生关注度不高。实际上这部分大学生因失业造成的个人心理行为变化，以及对社会的人力资源浪费，给社会带来了诸多不利影响。

（2）大学毕业生失业原因复杂。一般认为，大学毕业生会失业的主要原因在于：择业观念不正确，职业规划不足，缺乏对各职业的认知和社会经验，不善于获得就业信息，缺乏面试技巧等等。他们常常出现自负与自卑的矛盾、人际交往能力差及社会支持网络不足等问题，最终导致他们与社会脱节。在互联网高度发达的现今社会，一些年轻人不愿走出家门，他们沉迷于网络的虚幻环境中，日常生活用品通过网络购买，结交朋友更多趋向于通过网络聊天，这种现象严重影响了待业大学生现实社会支持网络的建立。

二、 项目目标

通过与社区合作，通过青年汇驻点服务的方式，以专业社会工作方法介入，为待业大学生搭建社会资源网络，帮助他们提升心理社会适应力，转变就业观念和发展认知，增强心理承受能力和抗逆力，提升就业技能，扩大工作、生活的朋友圈，力求一年内将社区内待业大学生持续失业率降至最低。

三、项目内容

1.“梦想乐园”青年朋友圈沙龙系列活动

通过走访、问卷调查，以及与高校和劳动部门座谈等形式，深入了解服务对象分布情况、兴趣话题及预期目标等，建立一个来自多行业、多层次、千人以上的朋友圈。根据服务对象的共同兴趣或话题，每半个月举办一次文体活动或分享会，针对不同兴趣、不同预期开展有针对性的沙龙，邀请行业内精英进行经验分享，组织开展不同的职业体验营。

2.“成长路上”叙事工作坊与心理辅导

将叙事治疗方法运用于个案及团体工作，透过“故事叙说”“问题外化”“由薄到厚”等方法，使案主变得更自主、更有动力。对个别心理压力较大的案主提供个别心理咨询与治疗。在团体工作中，通过“问题外化对话”“重写生命故事”“成员重组对话”等技术，提升组员的自信心和人际交往能力，提升其就业能力。

3.“梦想 2+3”就业信息和案例新媒体平台

通过微博、微信公众号两大新媒体手段，建立就业信息平台，分别以“销售、服务、行政”三大类行业为主题，每日为服务对象推送即时职业信息，每周推送精品职业信息；同时由专家和社工精选并采写部分就业案例，向服务对象推送，进行职业观念辅导。

4.“完美的自己”就业技能培训

开设礼仪、化妆、演讲、简历填写等就业技能培训，全方位提升服务对象的各类职业能力，每月举办不少于一次的培训课程，使服务对象对职业技能从基本了解提升至熟练运用，全方位打造一个“完美的自己”，能够应对求职过程中的各种实际挑战。

5.“悟败者”职业规划与辅导（一对一形式）

调动人力资源管理专家和实习生资源，为服务对象进行一对一形式的职业规划与辅导，建立个案档案，让服务对象认识自我并树立正确的职业观念，找到个人未来的发展方向，做好适合自身的职业发展规划，放眼于职业未来的发展。

项目六　社区低保家庭儿童正向教育引导与社会融入社会工作服务项目

一、背景介绍

1. 项目名称

社区低保家庭儿童正向教育引导与社会融入社会工作服务项目

2. 服务对象

低保家庭中的儿童

3. 项目面向的社会需求

（1）城市低保家庭大都具有一种或多种突出的致贫原因，低保家庭最终能否脱贫，关键在于社会政策是否与其缺失相匹配。低保家庭在生活中面临着诸多的困难，需要社会的帮助和关怀，在国家层面，2016 年国务院印发了《“十三五”脱贫攻坚规划》，指出贫困问题依然是我国经济社会发展中最突出的“短板”，脱贫攻坚形势复杂严峻。国家加大扶贫投入，创新扶贫方式，出台了一系列重大政策措施。

（2）低保家庭的贫困容易造成其儿童教育资源的缺失，儿童社会融入度低、易自暴自弃，需要干预并进行正向引导。

一些低保家庭的父母迫于生活的压力，会存在忽视家庭教育、亲子沟通互动关系较差等问题，造成儿童教育资源与教育机会的缺失。在家庭的影响下，子女在对教育的期望及对未来的规划等方面较为狭隘，致使他们学习动力较低、易自暴自弃，缺少培养兴趣特长的机会，向社会上层流动的机会受阻，最终导致了贫困家庭文化的传递。

二、项目目标

1. 通过为低保家庭儿童提供课业辅导，开展能力建设培训以及正向引导活动，在一定程度上缓解低保家庭的教育压力。

2. 开展个案辅导服务，对有需要的低保家庭儿童及其家长进行个案辅导，帮助他们树立正向的人生观念。

3. 通过“一起来挑战”、“童欢童乐”手工坊、集体生日会等活动，使低保家庭儿童的人际交往能力、动手能力等得到提升。

4. 为困境儿童完成“微小梦想”，梦想满足比和满意度保持90%以上。

三、项目内容

1.“学有所长”教育支援与正向引导计划

以“优势视角”为理论基础，协助孩子们在活动中发现自己的资源和优势，通过活动过程及孩子们之间的互动和经验分享，帮助孩子们改善其社会功能，促进其转变和成长，使学业发展与正向引导相结合。

（1）课外学业辅导服务。发挥“资源中转站”的作用，通过两种途径满足低保家庭未成年子女课外学业辅导的需求：一是由社工牵头，按照“社工+志愿者”的模式，由有教育能力的社工和志愿者对低保家庭儿童进行单独的或者小组形式的课外学业辅导；二是整合社区周边的教育机构，对低保家庭儿童进行集中辅导，邀请专业教师帮助低保家庭儿童提高学业水平。

（2）能力建设及正向引导教育。通过前期对低保家庭儿童进行课业辅导，了解其兴趣需求，对接周边的教育机构师资资源，为其开展兴趣培养及个人能力建设培训，计划开展“小小摄影家”“小小演说家”“画出我的梦想”等能力建设活动，以及“榜样面对面”“爱父母、爱国家、爱社会”等积极向上的正向引导教育活动，在一定程度上满足低保家庭儿童的兴趣需求，帮他们提升个人能力水平，并注重在服务过程中引导儿童树立正确的人生观、价值观，及靠自己向上流动的愿望。

（3）“微小梦想，大大希望”教育基金计划。制作微小梦想心愿卡，困境青少年填写微小梦想卡片，每张卡片匹配相应的教育基金，为孩子实现简单的小小梦想，引导孩子通过追逐梦想实现正向发展。

2.“辅有所效”个案辅导计划

对心理健康和关爱的需求是所有未成年人的普遍需求，但低保家庭中的子女的这一需求尤为迫切和强烈。通过专家以及社工对低保家庭儿童提供心理方面的调适服务，有助于儿童在成长过程中保持身心健康，帮助其摆脱精神贫困，维持社会的稳定与和谐。

（1）个案心理辅导。根据前期收集到的低保家庭儿童的需求，通过与低保家庭、社区、街道民政科进行对接，对有需要的低保家庭儿童及其家长进行个案辅导。在这一过程中，帮助低保家庭正确认识自身社会角色和当前处境，让他们用正面的心态去面对家庭处境和现实。

（2）家庭教育辅导。以低保家庭为单位，进行家庭教育辅导，由心理咨询师对家庭教育方法进行诊断，寻找家庭教育中可能存在的问题，对孩子及家长进行单独辅导，通过相互了解，制订更加优化的家庭教育方案。

（3）家庭亲子关系辅导。以低保家庭为单位，帮助低保家庭进行亲子关系辅导。对亲子关系中存在的问题进行梳理，引导家庭成员共同发现问题、讨论问题、解决问题，在个案干预中观察家庭成员关系的改善情况，使低保家庭家长和子女拥有良好的互动关系。

3.“融有所获”社会融入计划

（1）“一起来作战”。为社区低保家庭儿童提供团队游戏、信任游戏等融入活动，并在这个过程中帮助孩子们适应不同的社会角色，掌握表达、沟通、尊重等技巧，鼓励他们勇敢迈出融入社会的第一步，去结交更多的朋友，扩大自己的人际圈子。

（2）“童欢童乐”手工坊。以儿童喜闻乐见的手工形式为社区低保家庭儿童提供手工制作以及绘画等活动，在丰富儿童生活的同时，也锻炼并提升了社区低保家庭儿童的人际交往能力。在轻松的氛围里，鼓励孩子们多交流沟通，建立自己的支持网络。

（3）集体生日会。在这个环节中，为街道内的孩子举办集体生日会，孩子们可以邀请自己的好朋友来参加集体生日会，在集体生日会中，孩子们通过表演节目、互动游戏、赠送蛋糕等环节，锻炼自己的人际交往能力，同时培养自己的人际交往圈，促进社区融入。

（4）小小志愿者。邀请社区低保家庭儿童以及他们的朋友充当志愿者的角色，以在节假日为社区孤寡老人送去祝福，或通过表演节目等形式为社区其他居民提供志愿服务，回馈社区，融入社会。

项目七 “梦飞行”品牌推广——社区儿童青少年正向人生发展辅导社工服务项目

一、背景介绍

1. 项目名称

“梦飞行”品牌推广——社区儿童青少年正向人生发展辅导社工服务项目

2. 服务对象

社区儿童青少年

3. 项目面向的社会需求

（1）儿童青少年时期是人生发展的关键期。在人一生的发展过程中，儿童青少年时期既是人生发展的转折期，更是关键期，此时的孩子易出现情绪困扰、心理危机及叛逆行为，但同时也是良好习惯养成、正确价值观及优秀品质定型的关键期。此时的正向人生教育，必将成为影响他们一生的关键。

（2）儿童青少年易在价值观方面出现迷失。价值观决定人的自我认识，当前各种社会思潮充斥着儿童青少年的头脑，对优良传统的冷漠和价值偶像的错位导致部分儿童青少年在价值目标选择上出现迷失。一些儿童青少年甚至受到腐朽价值观的毒害，走上了违法犯罪的道路。

二、项目目标

1. 总体目标

“梦飞行”推广——社区儿童青少年正向人生发展辅导社工服务项目，通过对儿童青少年开展系统性的正向人生发展辅导，满足儿童青少年发展需要，最大限度地实现儿童青少年个体与社会发展的和谐一致。

2. 具体目标

（1）合理安排课外时间、引导儿童青少年开展健康有益的活动项目，为其提供正向人生辅导。

（2）协助儿童青少年探索、规划未来人生道路。

（3）构建联系家庭、社区及学校的桥梁，共同关注儿童青少年成长。

（4）满足学校、家长及儿童青少年的其他相关辅导诉求。

（5）对有需要的个体提供预防性、发展性及补救性服务。

三、 项目内容

1.“前行力量”儿童青少年正向人生教育系列活动。通过走访、召开座谈会、问卷调查等形式深入了解社区儿童青少年分布情况、心理需求及其家长期望等，通过分析研究，确定开展正向人生教育的思路。开展教育培训及榜样交流，邀请优秀校友榜样参加活动，发挥他们身边榜样同学的示范作用，从而帮助其树立正向人生的思想理念。

2.“扬帆起航”儿童青少年正确人生观教育系列活动。根据不同年龄段儿童青少年群体的需求，对其进行分组：小学组、中学组（包括初中和高中）和大学组。由优秀高校社团或高校专业教师担任指导，组织小学组及其家长定期开展感恩教育等活动；组织中学组开展人生价值观教育培训讲座、情景剧等活动；组织大学组开展价值观辩论会等活动。通过活动，使儿童青少年群体对自我有正确的认识，帮助其健康发展。

3.“手拉手”儿童青少年行为规范养成教育与社会综合实践系列活动。运用小组工作方法，组织成长小组和教育小组，对青少年进行行为规范教育；组织优秀大学生陪同小学、初中、高中学生参加社会公益、科普参观等社会综合实践活动，培养其社会服务意识，增强其责任感。

4.“拥抱阳光”心理辅导系列活动。针对小学生的依赖心理；中学生的叛逆心理、情绪困扰、恋爱需求、学习压力；大学生在求职择业、人际交往过程中遇到的问题，根据“3R原则”，由高校心理专家和专职社工针对不同需求的小学组、中学组及大学组定期开展亲子沟通、情绪疏导、学习心理指导等活动，为有需要的儿童青少年开展团体或者个体咨询与辅导。

第二节　家庭综合支持项目设计

项目一　“不再孤单”——失独家庭社会支持服务项目

一、背景介绍

1. 项目名称

“不再孤单”——失独家庭社会支持服务项目

2. 服务对象

失独家庭

3. 项目面向的社会需求

（1）独生子女的死亡会严重影响家庭成员的心理健康和社会功能。对于失去唯一子女的父母而言，他们不仅要承受生存的压力，更要承受心理上的剥离感。很多失独父母选择自我封闭，拒绝社交，害怕被人问及，也害怕触景生情。更有严重者无法进行正常交流，精神出现异常，甚至表现出自杀倾向。不良的情绪和长期的压抑直接影响着失独父母的身体健康和行为选择。

（2）目前相关专业服务无法有效满足失独家庭的需求。失独家庭是社会中的一个特殊的弱势群体，其成员面临着很多困境。当前，政府、社区、社会组织以及个人都已经开始为失独家庭提供帮助和服务，但是其所提供的服务并不能满足如此庞大的失独群体的需求，而且各方之间没有形成良好的互动与合作机制。因此，一方面，许多社会服务供给处于紧缺状态，很大一部分失独家庭享受不到相关的服务；另一方面，供给和需求没有实现很好的匹配，不能有针对性地满足不同类型失独家庭的个性化需求。

二、项目目标

1. 通过系列服务的开展，在一定程度上促进失独家庭成员改变自卑、自闭、抑郁的生活状态，建立正向情绪，使失独家庭成员的社会支持系统得到强化、人际关系得到改善。

2. 通过项目的实施，实现“0+0+0+0＝1”的整合理念。即“失独家庭+志愿者+政府支持+社工帮助＝完整家庭”。在整合社会资源的同时，充分发挥社会工作的专业性，在保证不出现资源重复的情况下提升失独家庭幸福感。

3. 创建“疏导—融入—自助”的工作模式，在专业人士提供心理疏导等专业服务的基础上，促使失独家庭提升自身抗逆力、建立自助网络、恢复功能并积极融入社会生活。

三、 项目内容

1.“爱的序位”失独家庭心理援助系列活动（重点群体是处于失独初期的家庭）

采用沙盘治疗、合理情绪疗法，并配合情感支持、叙事疗法、音乐疗法等方法，为刚失去独生子女 1—2 年的失独家庭提供心理辅导、精神慰藉，协助“丧亲者”在正常的时间内，用正常的方式，宣泄正常的悲伤，协助其走出各种情绪困扰，并协助完成逝者未竟之事，提高家庭成员重新开始正常生活的能力。

2.“不再孤单”治疗性互助小组系列活动

在专业心理援助团队、专业社工的帮助下，组织失独家庭成立互助小组，围绕失独后的生活经历、处理情绪的技巧、后期生活计划等主题开展小组活动。每个小组的活动频率为每周一次，至少开展 12 次活动。同时鼓励、组织失独家庭成立互助小组，在失独家庭圈子内部形成助人、自助的社会支持网络，自主选择主题开展相关活动，分享失独后的生活经历，分享处理情绪的技巧，学会情绪管理，建立正向情绪，共同制订后期生活计划，达到抱团取暖的效果。

3.“未来同行”失独家庭社会融入系列活动

由社工组织、带领、鼓励失独家庭父母参与社会服务、社会实践活动，鼓励他们以自身为榜样，加入对新遭遇“失独”困境的家庭的支持和关怀中，让他们在实践中疗伤，在活动中重寻生命的意义。

4.“暖心之旅”关怀失独家庭志愿服务系列活动（针对处于失独后期的家庭）

根据FT区掌握的失独家庭具体数据，建立服务失独者的志愿者团队，鼓励社会中的爱心人士和高校大学生群体建立失独家庭志愿者联盟，重点为失去独生子女10年以上的家庭进行志愿服务，为其提供日常生活照料和陪伴服务等（如上门送饭、做饭、打扫居室、洗涤衣物、洗澡、陪同理发、购物、去医院等）。

项目二 “超级奶奶”——隔代教育服务项目

一、背景介绍

1. 项目名称

“超级奶奶”——隔代教育服务项目

2. 服务对象

社区老人及其家庭成员

3. 项目面向的社会需求

（1）老人在教育方面知识的匮乏。添丁进口是中国家庭的大事，由于中国文化的影响，老人也很愿意替子女照顾孙辈，但老人有时能感到有心无力，特别是在教育方面往往不敢管，怕自己耽误了孙辈。

（2）老人在隔代教育问题上会产生失落感。随着社会的发展，许多西方育儿观念传到中国，其中有些观念完全颠覆了中国传统的育儿方式，新一代的年轻人能很快接受新事物、新方法，但老人作为过来人不理解自己的做法有何不妥之处，会产生失落感。

（3）隔代教育会产生家庭矛盾。目前很多家庭从孩子出生开始就选择外部机构负责照料孩子，主要是因为看中机构的专业性，即使家中有老人也不放心让他们去教育，有的家庭更会因此直接产生家庭矛盾，互不理解。

（4）不恰当的教育方法会影响下一代的发展。老人的过分宠爱或者过分严厉管教，都会对孙辈的个体发展产生影响，使孙辈在性格上产生一定的缺陷。

二、项目目标

1. 使老人懂得如何教育好第三代，同时提升老人在家庭中的地位。

2. 家庭中的第三代作为受益人，可以在成长方面得到了良好的教育。

3. 改善家庭关系，让老人与子女之间的关系更为融洽。

4. 通过开展多种寓教于乐的活动，使社区居民的素质得到有效提升。

5. 由老人带动子女、孙辈一起参与社区活动，在提高居民活动参与率的同时，也提高老人对居民社区的认可和支持。

6. 形成有效的个人社区支持网络，老人最终可以通过相互学习、互相探讨的方式，解决孙辈教育方面的问题。

三、项目内容

1. 个案辅导与跟踪

对有些已经因为隔代教育问题与家庭中其他成员产生强烈分歧的老人，以及因为工作等原因将孙辈留给老人看管的城市留守儿童家庭进行个案辅导，协助找出正确的教育方法，并定期上门进行跟踪反馈、效果评估。

2. 家庭关系改善小组活动

对于因第三代教育问题而产生隔阂的家庭，通过以改善家庭关系为主要目标的小组活动，促进家庭成员相互理解，并最终在教育第三代的问题上达成一致，进而改善家庭关系。

活动设计：

第一次，以达成小组契约为目标，强化小组成员的目的性。

第二次，以游戏的形式，加强组员之间的沟通能力，使他们认识到沟通不畅容易加深彼此之间的误解。

第三次，以游戏的形式，让组员看到彼此因为生活背景、教育程度等原因造成价值观的不同，所以对待同样问题会有不同的解决方法。成员之间要相互理解、相互尊重。

第四次，以座谈的形式，让成员敞开心扉，诉说自己家庭在教育方面遇到的问题，并在小组活动上共同探讨解决的方法。

第五次，以角色扮演的形式，让家庭成员换位思考，理解对方。

第六次，以游戏的形式，以家庭为单位进行比赛，增强每个家庭凝聚力。

3. 亲子教育小组活动

根据第三代的年龄，分成婴幼儿组（0—3 岁）、学龄前组（3—6 岁）、小学低龄组（6—9 岁），组织不同需求的老人有针对性地进行小组活动。让老人在照看孩子的同时也学到了如何教育孩子。

活动设计：

婴幼儿组第一次，学做幼儿体操。在老师的带领下，教老人如何带领婴幼儿做简单的健身操。

婴幼儿组第二次，组织“爬爬乐”比赛。锻炼孩子的运动能力。

婴幼儿组第三次，奥尔夫音乐活动。通过节奏训练、器乐演奏、亲子韵律活动等对婴幼儿进行早期艺术素质的培养。

学龄前组第一次，组织亲子阅读。让爷爷奶奶给孩子们讲故事，从阅读中收获知识和快乐。

学龄前组第二次，手工、才艺大比拼。通过活动达到促进儿童精细动作训练、老人大脑训练的双重目的。

学龄前组第三次，分享美食。让宝宝习惯分享，帮助他们养成关心他人的良好习惯。

小学低龄组第一次，小小志愿者。鼓励小同学成为社区的小主人，和爷爷奶奶一起完成一次志愿活动。

小学低龄组第二次，传统节日品美食。以中秋、端午、元宵等中国传统节日为契机，带领祖孙一起制作美食，弘扬传统文化。

小学低龄组第三次，家庭接力赛。分别选取适宜老人、学生的运动项目，组织体育比赛，达到锻炼身体的目的。

4. 社区教育讲座

邀请专家、学者到社区举办相关内容的讲座。例如，不同年龄阶段孩子的不同心理特征，老人在隔代教育方面应注意的问题等，帮助老人建立从“养”到“育”全方位的知识体系。

5. 社区知识竞赛

在社区组织相关教育方面的知识竞赛，以家庭为单位进行比赛，既可促进家庭成员之间的默契，同时也可检验家庭成员在教育问题方面的有关知识。

项目三　城市双职工家庭子女托管社会服务项目

一、背景介绍

1. 项目名称

城市双职工家庭子女托管社会服务项目

2. 服务对象

城市双职工家庭中的子女

3. 项目面向的社会需求

（1）双职工家庭面临的生活困境。随着经济的发展，双职工家庭面临来自工作、家庭及孩子的多重压力。但职工的时间、精力有限，面临压力与育儿的困境，亟须社会提供相应的支持，帮助其缓解压力。

（2）双职工家庭子女的家庭教育相对缺乏。双职工家庭的父母与孩子缺乏充足交流时间，导致家庭教育的缺失，会影响子女的智力和情绪发展，甚至会影响家长与孩子之间的情感交往和信任关系。家庭教育的相对匮乏，需要社会平台予以支持与帮助。

（3）社区托管服务稳定性差，收费高，专业性不足。由于双职工家庭的子女需要教育，社区内也曾有过托管服务，但存在或收费过高超出双职工家庭购买能力，或专业性不足缺乏安全保障等问题，因此未能持续开办，无法满足双职工家庭的需求。

二、项目目标

1. 以子女托管四步骤："课后辅导—兴趣培养—文明养

成教育—亲子互动”配合“智能发展小组课程”，为双职工家庭儿童的全方位发展提供支持。

2. 本项目通过子女托管、亲子关系辅导等服务，能在一定程度上缓解城市双职工家庭的教育压力，使职工能更好地完成工作，促进社会效益的提升。

3. 通过系列服务的开展，丰富双职工家庭子女的课外生活，对双职工家庭进行正向引导，提升社会下一代的综合素质。

三、 项目内容

1. “向日葵小课堂”托管双职工家庭子女小课堂系列活动。为双职工家庭的孩子提供课后辅导以及智能发展小组课程，其中智能发展小组主要以“一张微笑的脸”“一张灵巧的嘴”“一双勤劳的手”为主题开展活动，让双职工家庭的子女获得全方面发展，在愉快的小组活动中促进自身的全方位成长。

2. “七彩阳光”托管双职工家庭子女兴趣培养系列活动。包括唱歌、跳舞、武术、魔术等。为双职工家庭子女开展不同的课后兴趣班，在活动中开发双职工家庭子女的个人兴趣爱好，并与家长进行沟通，建议家长着重培养孩子的兴趣，这样能够有益于双职工家庭子女行为能力的提升和心理健康。

3.“面向阳光”托管双职工家庭子女课后文明礼仪规范系列活动。包括文明礼仪规范小课堂、礼貌用语我最行、文明礼仪我先行、礼仪文明伴我行、学做小客人、父母小帮手、今天我是小家长、文明礼仪规范小标兵评选等活动，由专业的老师为孩子教授文明礼仪规范，让孩子有分辨行为好坏的能力，同时矫正孩子不文明的行为，在活动当中告诉孩子什么该做、什么不该做，更好地规范孩子的行为。

4.“心向阳光”托管亲子互动系列活动。为家长开展家庭系统排列课程，并以兴趣培养的方式开展亲子手工活动，例如：蝶古巴特（Decoupage），自制笔筒、手工布偶。并在活动中由教育专家观察亲子之间的互动情况，活动结束后给予建议。

项目四　城市双职工家庭关系改善社会服务项目

一、背景介绍

1. 项目名称

城市双职工家庭关系改善社会服务项目

2. 服务对象

双职工家庭

3. 项目面向的社会需求

有些双职工家庭儿童的父母平时忙于工作，无法长时间陪伴子女，缺少与子女交流的时间与机会，同时又缺乏儿童身心发展领域的知识，直接导致家庭关系不和睦，夫妻、子女之间的关系破裂。父母对孩子疏于照顾和夫妻关系的不和谐，会导致孩子的心理产生问题，并且部分父母也在用一些错误的方式去教导他们的子女，久而久之，彼此之间沟通的时间也变得越来越少，亲子关系也就慢慢变得越来越差。由于儿童身心长期承受着压力，且得不到来自家庭的有力支持，极容易出现行为和心理异常，需要社会工作的介入。

二、 项目目标

1. 通过对双职工家庭儿童的父母关系、父母的能力、亲子关系等方面的问题开展各种辅导和咨询，能够提升家庭关系的和谐度，进而促进社会和谐。

2. 通过父母关系的辅导和亲子关系的辅导，让父母对自己和亲子关系有更清晰的认识，能够提升父母的认知和能力，从而为社会的未来——孩子提供更好的教育。

三、项目内容

1. 双职工家庭儿童筛查

确定本项目的服务对象，制订儿童评估量表，对儿童家庭的基本情况、父母关系状况、亲子关系状况、儿童自身的心理及行为状态等进行调查，形成调研报告。

2. 提升父母关系的服务

夫妻问题虽然表象化，但背后的真正原因却要追溯到他们的原生家庭。本项目将采用团体治疗的形式，开展方法体验，由团体治疗的专家开设系列体验课程；运用家庭系统排列开展个案辅导，为提升双职工家庭成员的关系提供专业服务，进一步改善双职工家庭中的父母关系。

3. 提升父母能力的服务

儿童的很多心理及行为问题源自父母错误的教育方式，且儿童的很多问题会随着其父母关系的改善而不治自愈。本项目主要通过三种方式开展相关活动。

（1）儿童成长知识讲堂。采取讲座、短剧等多种形式，在社区定期举行儿童成长知识讲堂，普及儿童身心发展常识。

（2）“儿童守护天使”父母沙龙。建立家长小组，分享儿童照顾方法、儿童教育知识，疏解父母因照顾儿童产生的心理压力，并促使其家庭内部形成相互支持系统。

（3）“父母阅览室”微信平台。创建名为“父母阅览室”的微信公众号，为父母推荐有关儿童教育的经典书籍及文章，供家长自我学习和提升。

4. 亲子关系的提升和改善服务

整合资源，增进父母和孩子之间的交流和互动，进而提升和改善亲子关系。主要通过两种渠道提供服务：

（1）亲子活动大放送。本项目将联合玩去喽、父母邦、丑小鸭儿童剧团等社会资源，每周在社区公告栏或微信平台公布亲子游戏或演出展览等活动信息，供家长参考，家长可自行选择亲子活动。

（2）亲子训练营。以社区为平台，开展丰富多彩的亲子活动，如亲子关系大讲堂、亲子读书坊、亲子烘焙房、“我们一家亲”摄影比赛、“小小亲子运动会”等。

项目五　外来务工家庭抗逆力提升社会工作服务项目

一、背景介绍

1. 项目名称

外来务工家庭抗逆力提升社会工作服务项目

2. 服务对象

外来务工家庭及其成员

3. 项目面向的社会需求

（1）很多外来务工家庭面临的心理压力不容忽视。随着城市化的不断推进，北京的外来务工人员已进入家庭化阶段，在为北京发展作出重大贡献的同时，自身也承受着各方的压力。国家统计局北京调查总队有关负责人表示，1990 年至 2010 年，北京外来人口增加了 650.9 万人，增长了 12.1 倍，由于外来务工家庭收入较低且居住条件相对简陋，在日常交往交流中容易感受到城市人对他们的偏见和歧视，众多的消极因素会影响外来务工家庭的心理健康状况。

（2）很多外来务工家庭的抗逆力不容乐观。外来务工家庭在工作和生活中面临各方面的内在与外在风险性因素。从内在风险性因素看，多存在自我认知度低、自卑等问题；从外来风险性因素看，家庭支持功能弱化与缺失、不同程度的歧视、文化差异等，造成了外来务工家庭抗逆力水平参差不齐。

二、项目目标

1. 总目标

运用社会工作优势视角的观点，探索和利用外来务工家庭的优势和资源，从系统的角度建构具有动力系统的家庭结构，从而帮助外来务工家庭成员树立自信和乐观的态度、增加自信和乐观感，使他们正确面对困难和挫折，促进外来务工家庭成员，特别是子女的身心健康发展。

2. 具体目标

（1）构建外来务工家庭与社区相结合的社会支持网络，共同增强外来务工家庭成员的抗逆力。

（2）满足有需求的家长和外来务工子女，为其提供专业化的服务。

（3）积极推动外来务工人员与其子女亲密关系的建立，增加外来务工人员投入子女生活的机会。

（4）积极整合区总工会及社会资源，扩大外来务工家庭获得的社会支持资源的数量。

（5）协助外来务工人员认识自身和环境的优势，提升识别和利用资源的能力。

三、 项目内容

1. 外来务工家庭发展与心理辅导计划

以抗逆理念为基础，采用优势视角挖掘外来务工家庭的外在和内在保护性因素。由事务所家庭辅导专家及心理辅导专家团队，定期为外来务工人员家庭及其子女开展情绪管理、心理情景剧、家庭治疗、压力管理等活动，系统而有效地提升其问题解决能力，增强克服心理障碍的能力，提升抗逆力。

2. 外来务工家庭社会交往计划

优化外来务工家庭的内在保护因子，通过小组帮扶，以及与区总工会合作，建立外来务工家庭联盟，互相促进成长，由专职社工运用专业社会工作方法，开展人际交往沟通技巧、工会活动、外来务工家庭沙龙及礼仪培训等活动，引导外来务工家庭在小组活动中积极互动，从而使家庭成员的合作能力、人际交往能力得到提升，增强其乐观感及归属感，提升抗逆力。

3. 外来务工家庭社区服务实践计划

社区是外来务工人员重要的外在生活环境，本事务所运用自身优势，积极整合区总工会及社区各项资源，鼓励外来务工家庭及其子女组成社区服务团队，为他人服务，为社区服务，开展“争做文明居民”、“家庭联盟”志愿扶老及“贡献社区”等志愿活动。在服务过程中进行自我辅导与自我训练，增强其自我效能感及归属感，提升抗逆力。

第三节　偏差行为矫正项目设计

项目一　“爱不离”——社区边缘青少年心理支持与犯罪预防项目

一、背景介绍

1. 项目名称

“爱不离”——社区边缘青少年心理支持与犯罪预防项目

2. 服务对象

因各种不利因素的影响，在传统教育体系中难以获得成功经验的边缘青少年

3. 项目面向的社会需求

（1）青少年犯罪问题值得关注。目前我国正处于社会转型期，近几年来，未成年人犯罪呈现群体性、盲目性、突发性且低龄化的趋势。近十年来，全国青少年犯罪初犯的平均年龄已降低到 14—15 岁，未成年人犯罪已成为当前影响社会

治安和未来经济发展的重要问题。与此同时，随着20世纪中后期我国计划生育政策所导致的家庭成员结构的改变，未成年人逐渐成为家庭乃至全社会关注的焦点。未成年人是社会的未来和希望，其人格塑造、学校教育、身心健康等方面的问题值得社会重视。

（2）边缘青少年群体有较高犯罪风险。“边缘青少年”心理承受能力较差，同时缺乏自信，不懂得社会交往，缺乏抗挫折能力。辍学厌学、自卑自闭、性格孤僻、暴力及过早性行为等特征在他们身上表现得尤为显著。他们大多面临教育或学业失败的危机，易发生包括中途辍学、暴力攻击或自我伤害等违规犯过的行为。有的或已成为失学、失业、失管的社会闲散人员，并极可能成为犯罪或社会风险的根源，极易给自身、家庭和社会造成更大的危机。

二、项目目标

（一）总体目标

“边缘青少年”项目，通过加强家庭、社区、学校之间的合作，运用系统性的理论和专业辅导，有针对性地开展心理引导和角色互动，满足边缘青少年的发展需要，促进边缘青少年健全人格的养成及身心健康的全面发展，预防边缘青少年走入犯罪歧途。

（二）具体目标

1. 构建家庭、社区、学校联系的立体交叉工作体系，共同关注边缘青少年成长。

2. 为服务对象提供多样化的发展辅导和价值引导。

3. 积极整合社会资源，帮助边缘青少年树立良好的行为习惯。

4. 对边缘青少年的行为和心理提供个案跟踪服务，建立档案，提供预防性、发展性、补救性服务。

三、项目内容

1. “用心体会”人际沟通与社会技能训练。人际关系是边缘青少年寻求自我认定过程中最重要的关键，尤其当青少年从家中、学校中所获得的大多是挫败的经验时，他们更倾向团体认同，以寻求情绪上的支持和实质上的肯定。引导青少年积极参与社区教育活动，让他们投入社区，以加强公众对他们的认识，同时让青少年学会关爱身边的人，在助人、自助的同时，也尽量做到自助、助人。

2. “重新起航”职业生涯规划。通过邀请北京市知名职业培训专家参与项目，开展职业培训和个别辅导服务，许多边缘青少年由于在主流社会中缺乏表现成就的机会，普遍对课业学习活动缺乏兴趣，且对未来感到茫然，不知将来能做什么、要做什么。因此，我们要帮助他们了解学习的意义和价值，进而协助其建立未来具体可达成的职业生涯目标，做出有效的决定和规划，这将能帮助其重建自我效能和自我信心，迎接未来的挑战。

3. 社区“一帮一结对子”朋辈互助计划。边缘青少年除了需要家庭和社会的帮助，同样需要朋友的关心，因此在本计划中，我们将采取游戏比赛、学习互助的形式，让同辈的朋友关心和帮助他们，使他们学会生活、学会做人、自信自强。我们将安排专业志愿者与“边缘青少年”结对，共同解决服务对象自身的问题。通过“一帮一结对子”朋辈互助形式，为边缘青少年提供支持性物质帮助，提升其认知技巧，陪伴边缘青少年健康成长，解决其成长中遇到的问题。

4.“大手拉小手”家长工作坊活动。邀请心理专家，开展亲子交流课程和个别辅导服务，并穿插一些游戏活动。让父母加入边缘青少年的生活世界，只有让父母深入地了解服务对象的内心世界，才能真正解决核心问题，让父母关爱服务对象的内心，学会聆听和包容，鼓励他们共同面对种种困难；同时通过此次活动，鼓励青少年及家庭积极参与社区活动，让他们投入社区活动和义工服务，开展多元化的技巧与信心重建活动。

5. 全日制自我效能训练课程。运用体验式学习，采取游戏、体验、分享和实践的形式，为青少年妥善规划课程，以促进其自我效能的提升，借由团体情境式的学习，探索并了解个人参与团体的历程，将个人在人际互动中遇到的问题生动、如实地展现出来，再运用团体凝聚力与团体动力来处理这些问题，以达成个人自我成长的目的，丰富边缘青少年成功解决问题、迎接挑战的经验，使他们学会日常生活中所需的各类因应技能。

项目二　“梦飞行”推广项目——社区青少年正向人生发展辅导及行为偏差矫正社工服务项目

一、背景介绍

1. 项目名称

“梦飞行”推广项目——社区青少年正向人生发展辅导及行为偏差矫正社工服务项目

2. 服务对象

社区内的 10—16 岁的青少年

3. 项目面向的社会需求

（1）10—16 岁是青少年发展的关键阶段。从儿童到成人的发展阶段中，10—16 岁是一个比较关键的阶段，我们将 10—16 岁称为青少年阶段。此阶段的孩子容易叛逆，但同时也是养成良好习惯、正确价值观及优秀品质定型的关键期。这个年龄阶段的孩子遇到的各种障碍，将直接导致各种心理问题。此时的行为教育，关系到孩子一生的成败。

（2）10—16 岁青少年行为偏差问题频现。当前，一些青少年存在着行为偏差问题，例如：行为障碍、品行障碍、情绪与性格障碍等，甚至一些青少年的不良行为构成了犯罪。有关数据显示，2011 年 FT 区上半年城市青少年犯罪案件为 39 件。教育的缺位是青少年产生行为问题的直接原因，学校教育的单一性、家庭教育能力的薄弱、社会教育资源的缺失造成了部分青少年在发展关键期得不到良好的教育和引导，在不良环境的影响下走向迷途。

二、项目目标

1. 总体目标

通过加强家庭、社区、学校之间的合作，运用系统性的正向人生发展教育及辅导，有针对性地开展行为偏差和心理问题矫正，满足青少年发展需要，促进青少年健全人格的养成及身心全面健康发展。

2. 具体目标

（1）构建联系家庭、社区、学校的桥梁，共同关注青少年成长。

（2）满足有需求的家长和青少年，为其提供多样化的发展辅导。

（3）合理安排课外时间，引导青少年开展健康、有益的服务活动。

（4）积极整合社会资源，帮助青少年养成良好的行为习惯。

（5）对青少年的偏差行为提供个案跟踪服务，建立档案，提供预防性、发展性、补救性服务。

（6）满足教师、家长和学生的其他相关辅导诉求。

三、 项目内容

（一）项目方法

FT 乐助社会工作事务所专家团队结合青少年发展理论及项目服务经验，开创青少年“自动—技术—观察—选择”四步骤发展辅导法。

自动阶段的目标是促进青少年合理认识与评价自我、建立成熟的移情能力，主要活动形式为认知讲座、团体辅导、交往活动等。技术阶段的目标是向青少年输出人生价值观、道德规范和心理健康知识，主要活动形式为价值观讲座、团体辅导、小组活动、个案咨询等。观察阶段的目标是促进青少年的自立自强，主要活动形式为榜样交流、榜样讲座等。选择阶段的目标是促进青少年良好行为规范的确立和良好行为习惯的养成，培养其自主性及社会责任感，主要活动形式为成长小组、志愿服务、偏差行为青少年融入训练等。

（二）项目内容

1.“青春正能量”青少年正向人生教育与社区服务系列活动

通过调查、走访、召开座谈会等形式深入了解社区内10—16岁青少年分布情况、心理需求、家长期望等，通过分析研究，确定开展正向人生教育思路。开展教育培训及“榜样面对面”交流，邀请“五四青年奖章”获得者与青少年进行交流，邀请高校专家进行人生观、价值观教育培训讲座；组织社区青少年开展多种形式的志愿服务，回馈社会。

2.“模范成长”青少年日常行为规范养成教育系列活动

运用小组工作方法，建立成长和教育小组，进行行为规范教育；由优秀高校社团或高校专业教师担任指导，组织家长和青少年定期开展感恩教育、情景剧、演讲会等活动。主要活动内容为：(1）安全习惯养成教育讲座；(2）认知与行为教育讲座；（3）学习习惯养成教育知识讲座；（4）感恩教育情景剧；(5）写一封信，给自己感谢的人；(6）以“孝、敬”为主题的图片展览。

3.“三色花”心理辅导系列活动

邀请高校心理学专家定期为青少年进行心理健康教育培训讲座；开展团体辅导，由专职社工开展亲子沟通小组等活动；为有需要的青少年开展团体或者个体咨询与辅导。

4.“我爱我”偏差心理和行为矫正系列活动

通过前期行为规范养成、心理辅导等一系列活动，及时发现、了解青少年潜在的偏差心理和行为，进行个案辅导和问题矫正，建立辅导档案，由心理学专家全程跟踪指导，追踪案主发展变化，与学校、家庭、社区之间建立合作关系、帮助青少年完善社会支持系统，形成“三位一体”的工作模式，使青少年对自己做出正确评价，更好地克服发展障碍，实现健康发展。

项目三　社区新困境儿童偏差行为综合辅导与亲职教育社会工作服务项目

一、背景介绍

1. 项目名称

社区新困境儿童偏差行为综合辅导与亲职教育社会工作服务项目

2. 服务对象

由非家庭经济原因、非家长文化程度原因、非先天因素和后天意外造成的新困境儿童。

3. 项目面向的社会需求

(1) 社区新困境儿童问题亟须得到社会更多关注。新困境儿童虽然生活环境相对优越，但由于父母缺乏儿童身心发展的相关知识、家庭关系不和睦等原因，儿童身心长期承受着压力和巨大的成长风险，并且得不到来自家庭、学校和社会的有力支持，出现了行为和心理异常，如学习困难、抑郁、不懂人际交往等。这样的孩子往往由于缺乏家长、老师以及社会的关注，被称为隐性困境儿童，他们的风险由于不被重视反而更加危险。

（2）家长对儿童身心发展规律和特点缺乏系统性的认知。有调查表明，93.7%的城市家长和74.8%的农民工家长认同建立对儿童的全社会支持体系。其中，农民工父母将子女带往城市生活、求学，却因自己知识水平有限，无法对孩子进行适当的教育，农民工子女的“新困境”更是不容忽视。因此，依靠社会力量帮助新困境儿童成长，为他们提供更好的成长环境迫在眉睫。

二、项目目标

1. 通过开展社区儿童游戏治疗系列活动、社区儿童社会融入活动、社区儿童家风传承活动，帮助参与项目的社区儿童对良好行为形成正确认识，能够将习得的良好习惯应用到实际生活中。

2. 通过开展亲子沟通平行小组系列活动、社区家庭教育能力提升系列活动以及儿童教育互助小组活动，帮助社区儿童家庭掌握正确教育儿童的知识和方法，使家庭教育能力得到显著提升。

3. 通过系列服务的开展促进儿童的身心健康。

三、项目内容

1. 偏差行为综合辅导

（1）社区儿童游戏治疗系列活动。主要以“积木游戏”“沙盘游戏”“情绪温度计”“角色扮演”为主题开展活动，每个主题开展两组活动，以专业的社工方法来指导并改善儿童的偏差行为。

（2）社区儿童社会融入活动。由社工组织、带领、鼓励儿童及其家庭参与以“志愿服务”“展现自我”为主题的社会服务、社会实践活动，使儿童将完整的自我呈现给公众，为儿童营造一个温馨的社区环境。

（3）社区儿童家风传承活动。主要以“演”家风、“唱”家风、“学”家风、“讲”家风为主题，每个主题开展两次活动，由专业老师和社工带领社区儿童学习优良的家风，使社区儿童通过学习良好的家风树立人生观、价值观、世界观，为儿童的健康成长奠定基础。

2. 亲子教育

（1）亲子沟通平行小组系列活动。这是亲子教育服务的一种新形式。将家长和子女分为两个平行小组开展活动，分为六个主题模块——“朋友，你好”“无障碍交流”“零距离沟通”“亲子同步”“心灵手巧”“回顾与展望”，以亲子沟通平行小组活动的形式，让儿童与家长之间形成更加亲密的关系。同时，借助团体凝聚力和动力，使儿童在相互支持中获得改变不良行为的动力，并将在小组中习得的良好习惯应用到实际生活中。

（2）社区家庭教育能力提升系列活动。儿童良好行动能力的养成离不开父母的示范、家庭的帮助。本项目将会邀请专家以专题讲座形式，协助家长获得儿童成长的相关知识、教育儿童的正确方式，提升家长教育子女的能力，例如“如何和孩子说话”等。

（3）社区儿童教育互助小组建立计划。在专业社工的帮助下，组织家庭成立以“分享儿童教育”为主题的互助小组，形成助人、自助的社会支持网络，分享照顾儿童的经验，分享处理不良情绪的技巧，达到抱团取暖的效果。

第　二　章

社会救助项目设计

第一节　困境家庭救助项目设计

项目一　“低保脱困三部曲”——社会工作介入城市低保家庭增能项目

一、背景介绍

1. 项目名称

“低保脱困三部曲”——社会工作介入城市低保家庭增能项目

2. 服务对象

低保家庭及家庭成员

3. 项目面向的社会需求

由于贫困等原因，一些低保家庭成员尤其是子女不能享受良好的教育和发展，导致贫穷的代际传播。低保家庭亟须社会工作的介入，家庭社会救助工作刻不容缓。

社会工作介入家庭救助不仅要体现“补救性”，更需要

“发展性”的帮助，形成“社会救助”大格局。低保家庭干预工作往往需要为家庭构建支持网络。物质上的“补救性”的帮助往往只能解决“一时”的问题，不能解决长远的问题，需要进行“发展性”的帮助。社会工作“助人自助”的理念和方法可以帮助低保家庭成员增能，构建家庭支持网络，从长远角度对救助家庭进行发展规划。《关于进一步动员社会各方面力量参与扶贫开发的意见》也明确指出“要广泛动员全社会力量共同参与扶贫开发”，进一步达到“创新完善人人皆愿为、人人皆可为、人人皆能为的社会扶贫参与机制，形成政府、市场、社会协同推进的大扶贫格局”。

二、项目目标

项目预期通过对低保家庭的服务，可以达到以下两个目标：

1. 瞄准服务需求。通过服务瞄准低保家庭成员的需求，在调查评估的基础上充分掌握需求，以制订个性化的救助方案。

2. 通过资源链接和增能服务，在一定程度上使低保家庭“脱贫”“自助”和“增能”。提升低保家庭的人力和社会资本，提升社会对低保家庭的支持，最终使低保家庭成员自发

"向上发展"。

三、项目内容

1. 第一步：需求调研

印发项目折页，采用入户方法，直接将"点对点"介绍与在社区中"点对面"宣传相结合。对街道进行走访，对低保家庭进行建档工作，详细了解低保家庭的需求，完成三步走的第一步：需求评估，并撰写需求评估报告。

2. 第二步：缓解紧迫困难，为第三步"增能"进行铺垫

（1）低保政策普及：向低保家庭成员普及低保政策，使他们了解自己的权益。

（2）通过社工的前期调研，了解低保家庭最急需解决的生活困难，链接社会资源，适度地给予直接帮扶（号召物品捐助、工作介绍、链接资源等），并请专家开展讲座指导，在社区开展书法、手工制作、插画等精神文化活动。通过物品援助、心理应急干预的方式为低保家庭的"增能"移除障碍。

3. 第三步：低保家庭综合"增能"活动之成年劳动力再就业

对政府、社会组织、企业进行资源整合，在社区召开再就业能力提升讲座，面向低保家庭中的潜在劳动力，讲座主

题包括基本职业技能培训、求职简历指导、职业素质测评和模拟面试训练等。另外，通过组织抗逆力提升小组，增强低保家庭人员抵抗逆境的能力，使他们的心理更健康。

4. 低保家庭综合“增能”活动之志愿服务融入活动

与街道社区联合开发志愿服务活动，低保家庭参与活动可积攒“志愿服务积分”，积分可用于兑换社区服务和奖励。

5. 低保家庭综合“增能”活动之子女向上发展计划

低保家庭中的子女是家庭未来的希望，通过帮助低保家庭子女成长，可以让低保家庭升起希望。通过“课业辅导”“兴趣培养小组”的方式为低保家庭子女“增能”。

项目二　困难群众救助服务所精准帮扶项目

一、背景介绍

1. 项目名称

困难群众救助服务所精准帮扶项目

2. 服务对象

已享受社会救助政策、家庭成员基本丧失或完全丧失劳动能力、必须依靠政府保障整个家庭基本生活的困难群体；家庭成员有劳动能力或部分丧失劳动能力，但仍需要救助政策保障的困难群体；目前未能享受社会救助政策且有求助需求的老人、残疾群体等边缘群体

3. 项目面向的社会需求

根据以往乐助在社会救助中的服务经验，我们了解到救助对象的需求是多元的，其中低保群体有经济救助需求（政策咨询、链接社会公益慈善资源等需求）、心理关怀需求、社会关系促进需求、生计发展需求（评估就业意愿和能力等）；罹患大病或遭遇重大变故陷入困境的人员有经济救助需求、危机干预需求、社会关系促进等需求；困境老年人有生理健康需求，以及心理关怀、经济救助、社会关系促进服务、权益保护等需求；困境儿童有心理关怀需求、教育救助需求、权益保护需求、家庭学校干预服务需求；陷入生活困境的残疾人有经济救助需求、生理健康服务需求、心理关怀服务需求、生计发展需求、社会关系促进服务需求。社会救助对象日益增长的多元需求，迫切需要救助方式及服务理念的创新，需要建立政府主导与社会参与相衔接的新型政府保障服务模式，提升精准救助和帮扶水平。

二、项目目标

1. 对新申请的社会救助对象建立精准救助帮扶台账，做到应建尽建，保证救助对象建档率及录入完整率。

2. 为有需求的困境家庭开展个案帮扶服务，并完整录入精准救助系统。

3. 主动发现困难线索，为困难群众开展入户巡防、政策宣传等服务。

4. 链接救助对象所在街道、社区的社会组织，以及与救助对象相关的公益慈善组织，协助困境家庭链接更多救助帮扶资源，解决困境家庭存在的实际问题。

5. 对有实际需求的困难群众开展“夏季送清凉”“冬季送温暖”关爱行动，有效覆盖辖区内的各类贫困群体，满足困难群众的物资需求。

6. 每月报送困难群众救助服务所的工作进展情况，并完成与困难群众相关的社会救助事务性工作。

三、项目内容

1. 政策知识及救助服务注意事项培训

为更好地保证服务过程中的专业性，加深服务对象对政策的理解，保证在项目实施过程中制度的有效衔接，在本项目实施前期，将邀请专业人员对参与项目的社工及志愿者进行制度讲解培训，培训内容主要包含救助标准、救助程序及救助管理制度等方面的政策知识。此外，将邀请在救助领域有丰富经验的老师对社工及志愿者进行专业知识培训，分别从人员着装、工牌佩戴以及如何主动发现有效信息、科学评估救助需求等方面进行培训；同时，也将对如何建立精准救助工作台账进行逐一培训，以保证台账建立过程中数据的有效性，做到底数准、情况明，为精准救助的目标奠定基础。

2. 开展救助宣传，进行政策普及

社会救助是托底线、救急难、保民生的基础性制度安排。本项目在实施前期将设计制作社会救助政策宣传册，并在入户回访过程中进行发放。联合社区相关工作人员发放社会救助的宣传资料，并为有政策疑问的救助对象进行面对面的沟通和解答，让救助对象了解自身的相关权益。依托各个街道的困难群众救助服务所，对上门咨询的救助对象及其他潜在困难群体进行政策宣传，提高他们对社会救助政策的了解程度。此外，依托困难群众救助服务所广泛开展宣传，通过知识问答、上门宣传等多样化的宣传方式，向救助对象普及最新救助政策。对有疑问的救助对象，将发挥“困救所”的平台作用，对接街道或其他部门的相关人员进行咨询，尽力帮助救助对象解决困难，为精准救助提供助力。

3. 项目运作，建立精准救助帮扶台账

建立精准救助帮扶台账的目标，一是实现服务对象的精准化，二是实现服务对象需求的精准化。按照该原则，对 XC 街道和 LGQ 乡辖区内的新增社会救助对象建立精准救助工作台账。在此过程中，根据“1+1”原则，即“一名专职社工+1 名高校志愿者”的入户原则，由专职社工进行相关访问及需求评估，志愿者负责过程记录和影像留痕。通过听、看、访等形式全面了解救助对象的具体情况，包括家庭成员信息、就业状况、受教育程度、享受保障情况、帮扶需求等信息。在此过程中对救助对象的倾诉要专注、耐心地倾听，表示理解和关怀，并对救助政策进行宣传，逐户逐人地建立工作台账。同时根据不同救助对象的不同需求制订个性化的帮扶工作方案，做到应建尽建，实现精准帮扶目标。组织社工及志愿者定期进行小组交流，提出具体服务措施或对策建议，并由事务所救助专家进行督导，以保证服务措施的有效性和精准性。同时，将收集到的基本情况、需求、救助帮扶建议，以及资源链接方式、救助帮扶结果等情况录入精准救助系统，建立起完整的精准救助帮扶信息台账，实现“底数准确、情况清晰、需求明确”的目标。

4. 定期跟踪回访，实现动态管理

对已经制定帮扶方案的救助对象，建立相应的救助帮扶机制，定期联系辖区业务主管部门，了解救助对象的情况，并组织人员定期回访。回访内容主要包括：回访时间、救助对象目前的生活现状、帮扶措施的落实情况以及当下的救助帮扶需求等。除定期回访外，针对有特殊情况的对象随时进行回访。通过回访，将再一次进行信息复核，及时在系统中更新数据。对于在回访中发现不符合社会救助政策，或者已经脱困的救助对象，要及时报告到民政部门，实现动态管理，提升精准救助的帮扶水平，保证每个帮扶的计划落实到位。

5. 主动发现困难线索，强化民生保障安全网

依托困难群众救助服务所平台，以主动发现为工作重点，变“被动申请登记”为“主动发现救助”。在社区走访及入户过程中及时发现尚未申请相关救助保障的困难群体，及时将信息进行整合和记录，并为其介绍申请程序和申请方法，并在取得其同意后联系街道（乡/镇）业务主管部门协助其办理救助事宜。发挥困难群众救助服务所的平台作用，建立主动发现、主动通报以及主动沟通制度，尽可能地保证困难群体能够及时地获得相应的救助，在一定程度上提升临时救助的托底性功能，进一步强化民生保障安全网，实现“早发现、

早救助、早干预”。

6. 开展个案帮扶，精准回应救助对象的个性化需求

通过一对一的沟通，再次了解救助对象的处境与实际问题，以救助对象自愿接受为原则，为救助对象开展个案帮扶服务。在个案服务过程中，对救助对象的实际需求和资源进行评估，把救助对象的相关问题和环境结合起来，与救助对象共同制订服务目标。从微观、中观及宏观三个层面将直接服务与能力建设、资源链接结合起来，实施综合性的个案帮扶服务，并将帮扶内容、帮扶方案、改变程度、目标是否达成等帮扶内容及时录入系统，建立困难群众精准救助个案帮扶台账。在此过程中对帮扶经验进行及时总结和服务模式的提炼，总结精准帮扶的经典案例，为社会救助服务提供可参考的实务路径。

7. 整合多方资源，促进救助服务的可持续化发展

本机构结合多年救助的实践经验，对已享受相关政策待遇、但生活仍存在一定困难的对象，机构将进行入户一对一访谈，了解其现在享受的相关待遇的情况、现在的生活状况以及目前存在的困难情况。在此过程中，既关注救助对象的即时性需要，也注重调动和发挥其家庭成员的主观能动性，并将访谈资料整理成册，链接救助对象所在街道、社区，以

及与救助对象相关的公益慈善组织，共同探讨解决问题的方法以及可以利用的资源，同时协助困境家庭链接更多帮扶资源，解决困境家庭存在的实际问题，促进资源的可持续化发展，实现社会救助理念、内涵与方式的创新。

8. 开展志愿服务，实现需求与供给的有效匹配和对接

建立多元化的救助志愿者队伍，对志愿者进行救助方面的内容培训，实现及时处理、跟进个案，提供支持等全过程的志愿服务。在志愿者开展服务初期，机构社工将对其进行相关知识的培训，并在社工的支持和陪伴下，根据救助对象信息台账进行走访跟进，逐渐与救助对象建立起专业关系，并进一步了解救助对象的情况及需求。在掌握一定的服务技能和沟通技巧后，将由志愿者与救助对象结成帮扶对子，定期开展上门回访服务，并根据救助对象的实际需求开展助医、助行、环境卫生改善等服务。通过自身的带动作用，吸引其他社区居民及有行动能力的救助对象的参与，让救助对象在志愿服务中实现自我价值，搭建起社区参与的平台，逐渐恢复救助对象的社会参与功能。

9. 增加服务供给，开展困难群众关爱系列服务

依托困难群众救助服务所，对有实际需求的困难群众开展关爱行动。在本计划中，机构将联系社区工作者、辖区单

位、志愿者，为辖区内的低保、低收入家庭分别开展“夏季送清凉”“冬季送温暖”关爱行动。通过实现不同救助政策和救助方式之间的相互配套、相互协调，有效覆盖辖区内的各类贫困群体，满足困难群众的物资需求，让他们切实感受到党和政府以及社会各界对他们的关怀。

10. 开展困难群众安全隐患检查服务

依托困难群众救助服务所，为有实际需求的困难群众开展安全隐患检查服务。在本计划中，机构将联系社区工作者、辖区单位、志愿者，为辖区内的困境家庭开展用水、用电、用火、用气的安全检查，确保困境家庭的人身财产安全。

11. 开展困境家庭环境卫生改善服务

整合辖区内的志愿服务资源以及社工资源，为有需求的困境家庭提供环境清扫、整理归纳、微环境改造等环境改善服务，确保每个救助帮扶计划落实到位。

第二节　困境儿童保护项目设计

项目一　儿童福利和保护综合服务项目

一、背景介绍

1. 项目名称

儿童福利和保护综合服务项目

2. 服务对象

困境儿童

3. 项目面向的社会需求

(1) 困境儿童的需求呈现多元化，单一的救助形式无法完全满足其需求。困境儿童救助的形式繁多，常见的救助方式一般为物质救助，但并不意味着这是唯一的救助形式，困境儿童救助还包括专业化的社会救助形式，比如：文化教育、心理辅导、生活习惯养成、价值观培养等。只关注物质救助的单一救助形式已无法满足困境儿童多元化的需求，也无法解决所有问题。尤其在一些特定情况下，精神帮助、人文关怀甚至比物质救助更为重要。

（2）父母对困境儿童的监护功能在不断弱化，存在能力不强或缺失的情况。家庭是困境儿童保护的第一责任主体，父母是困境儿童的直接监护人，当父母无法履行监护职责时，需要委托有监护能力的他人代为监护。随着社会的发展，困境儿童的家庭监护能力在不断弱化，面临着监护人监护意识缺失、监护能力不足、监护人支持系统缺乏等问题，亟须着力提升监护人监护意识、提高监护人监护能力，及时发现监护缺失的儿童，并根据儿童自身和家庭状况做好照料和救助工作。

二、项目目标

1. 通过“儿童主任+专业社工”的联动模式，开展小组活动和社区服务，积极探索“儿童主任+专业社工”的联动工作模式，激活社区儿童主任队伍力量，实现儿童福利保护体系现代化，最终形成工作模式报告。

2. 协助各街道、乡镇组织示范宣讲课，宣传活动要覆盖到三分之一以上的街道和社区（村）。

3. 建立志愿者服务队伍，为有需求的困境儿童开展课业辅导、关爱服务、宣传教育等活动。

4. 联合社会力量，为有需求的困境儿童提供有关的法律、法规、政策信息；协助开展有关教育，向儿童解读相关的法律、法规、政策。

三、 项目内容

（一）以社会散居孤儿、事实无人抚养儿童、城乡低保家庭重病儿童、残疾儿童为重点服务对象，开展系列服务

1. 专业社工服务

困境儿童易出现畏惧、胆小等性格倾向，在本板块中，我们计划为有需求的服务对象提供个案服务，主要服务内容为心理辅导、情感关怀两大板块，并将个人辅导和团体辅导联系起来。除此之外，我们也将按照每季度开展至少一次活动的原则，通过线上和线下相结合的方式开展社区服务，活动主题及内容分别为：

（1）“积极人生”能力建设教育。组织该部分群体开展实践教育活动，并利用家庭团队的活力，让他们互相倾诉自己的遭遇，交流教育子女、摆脱贫困的感想和经验，进一步增强他们依靠自身努力和政府帮助摆脱贫困、解决子女教育问题的信心。

（2）“童欢童乐”一起来作战。组织困境儿童和他们的家

长开展社区融入活动，并在这个过程中帮助家长搭建沟通交流的平台，推广贫困家庭成功育儿的经验，让弱势群体树立脱贫的信心。

2. 志愿者队伍建立计划

建立多元化的救助志愿者队伍，对志愿者进行救助方面的内容培训，实现及时处理、跟进个案、提供支持等全过程的志愿服务。初期，志愿者会在社工的陪伴下，根据前期社工为困境儿童建立的档案继续跟进，逐步了解困境儿童中的重点关注对象，为他们提供更多的资源和平台。之后，社工将鼓励志愿者发挥主动性，养成定期走访跟进的习惯，实时了解困境儿童的动态需求及监护情况，并对辖区内的儿童提供课业辅导、宣传教育等服务。项目结束时，协助搭建起志愿者队伍，为项目的延续奠定基础。

（二）针对困境儿童开展关爱保护体系建设系列服务

1. 探索“儿童主任+专业社工”联动工作模式

“儿童主任+专业社工”的联动工作模式，激活了社区儿童主任队伍力量，使他们积极探索如何实现儿童福利保护体系现代化。一方面儿童主任的设立，让困境儿童和家庭了解到服务资源就在村（居）委会，有利于家庭及早解决困难；另一方面，专业社工可协助儿童主任从事政策宣传、信息搜集等方面的工作。通过探索联动工作模式，最终形成“儿童主任+专业社工”的联动工作模式报告。

2. 实现困境儿童“一人一档”

为困境儿童建立“一人一档”的目标，一是为了实现精准服务，二是为了精准了解服务对象的需求。按照该原则，为街/乡/镇内的困境儿童每人建立一份档案。在此过程中，根据“1+1”原则，即“一个机构社工+一名儿童主任”的搭配原则，一人负责主访、一人负责记录及拍照，合作开展入户调查。通过听、看、访等形式全面了解困境儿童的具体情况，并组织社工及志愿者定期进行小组交流，提出具体服务措施或对策，并由事务所儿童专家进行督导，以保证服务措施的有效性和精准性。

3. 困境儿童关爱保护体系建设

在本板块中，我们将以服务载体的形式直接为困境儿童提供服务。在服务开展前期，将由专职社工、儿童主任、相关专家一起参与需求评估，在充分考虑困境儿童问题的共性与个性的情况下，通过线上或线下的方式定期开展小组活动和社区服务。每月开展一次小组活动，为困境儿童开展多元化的小组活动；并在项目执行期间为困境儿童开展能力建设、家庭关系辅导等社区服务。小组活动和社区服务主题分别如下：

（1）小组活动。开展以“快乐旅程·缤纷同行”为主题的小组活动，运用正向心理学、认知行为方法理论，通过社会工作的专业方法，以“快乐成长”为主题，协助困境儿童重新认识自己，帮助他们建立正向情绪、学会自我欣赏和自我接纳。

（2）社区活动。开展“花朵绽放”“我与我最爱的人”“画出我的梦想”“爱父母、爱国家、爱社会”“放飞梦想”等积极向上的社区活动。

4. 政策宣讲进社区服务

在本板块中，我们将协助街/乡/镇内的困境儿童和农村留守儿童开展关爱保护“政策宣讲进社区（村）”活动。在此期间，我们将向儿童监护人、受委托监护人普及有关法律知识，在一定程度上提高监护人和受委托监护人的监护意识和能力，推动家庭监护责任落实。我们计划协助各街/乡/镇组织示范宣讲课。宣传活动整体覆盖三分之一以上的街道和社区（村）。项目结项时，实现政策宣讲社区（村）全覆盖。通过采取这种有效措施，我们能大力宣传困境儿童保障政策，加速相关知识的教育普及，增强全社会保护儿童的意识，为儿童创造温暖、健康的成长环境。

5. 法律支持与援助计划

联合社会力量，与专业法律服务机构合作，为未成年人提供法律支持与援助，内容包括：提供有关的法律、法规、政策信息；协助开展有关教育活动，解读相关法律、法规政策；围绕困境儿童和农村留守儿童关爱保护“政策宣讲进社区（村）”活动，为未成年人保护工作提供法律意见和法律咨询；为已发生的案件提供法律分析与论证，提出解决建议与方案，必要时出具法律意见书；参加相关案件的协商会议和协调、磋商工作，为相关部门及社区提供法律建议和指导。通过开展法律服务与专业支持，推进相关部门依法开展困境未成年人权益保障、紧急安置、临时托管、长期安置、监护司法干预等工作，最大限度地维护困境未成年人的合法权益。

项目二　困境儿童家庭巡访探视项目

一、背景介绍

1. 项目名称

困境儿童家庭巡访探视项目

2. 服务对象

散居孤儿、事实无人抚养儿童、城乡低保家庭重病儿童、残疾儿童

3. 项目面向的社会需求

社会力量参与社会救助后可以更加深入了解社会弱势群体的需求，使弱势群体得到更加充分、全面的保障，有利于整个社会的和谐稳定。基于此，开展巡视探访服务，挖掘潜在需求，是做好社会救助工作的新前提。

社会力量能够在预防问题发生、缓解问题的严重性、追踪问题的根源、促进儿童能力提升和发展、改善儿童生活环境等环节，对困境儿童，或者即将陷入困境的儿童进行全过程服务，并能够在巡视探访服务中准确掌握儿童的基本信息，取得困境儿童及其家庭的信任。

定期巡视探访服务立足于预防、救助、发展三个维度，能够在对困境儿童进行全程性保护、加强儿童社会工作队伍的建设力度、优化儿童社会工作服务理念和方法、进一步明晰角色定位、多方力量协同等方面发挥重要作用，将以儿童为本的理念与社会工作价值伦理融合渗透于服务儿童的各种活动当中，缓解困境儿童面临的问题，提升困境儿童的能力，进而促进对困境儿童的保护。

二、项目目标

1. 入户探访，如在巡视中发现监护缺失、不当或不力等情形，则对儿童实际监护人提供监护指导、批评教育和家庭帮扶。

2. 按照每月一次的频率为困境儿童开展不同主题的社区活动。

3. 为困境儿童开展“冬季送温暖、夏季送清凉”活动，在慰问活动中为服务对象送去慰问品。

4. 在困境儿童家庭所在的社区举办儿童福利和保护政策宣讲活动，实现政策宣讲全覆盖。

三、项目内容

1. 入户巡视探访服务

机构在项目实施过程中，按照两人一组的工作要求，对散居孤儿、事实无人抚养儿童、城乡低保家庭重病儿童、残疾儿童等困境儿童开展入户巡视服务。在入户期间，工作人员将携带工作证明及项目宣传册进入困境儿童的生活环境，通过实地走访及对家庭成员进行访谈等形式，从侧面了解困境儿童的需求、心理状况、身体状况、监护情况，并对困境儿童的居住环境进行评估；除侧面了解外，还可与困境儿童进行直接沟通，了解其学习情况、社区活动的参与情况，以及人际沟通等方面的需求，并在探访结束后进行全面评估和文字材料的撰写，按照科室的要求，为每一位困境儿童建立一份巡访探视服务档案。

2. 建立跟踪探访介入机制

通过入户走访、电话探访或者其他方式，了解儿童的生活状况及需求。对在本区生活的困境儿童，每月入户探访一次，每周通过电话、微信视频等其他方式进行一次探访；对生活在区外的困境儿童，具备入户条件的每月探访一次；不具备入户条件的每周通过电话、微信视频等方式进行一次探访，并及时更新信息，及时更新每一位困境儿童的探访方案，实现动态探访和救助。如在巡访探视过程中发现监护人缺失、监护不当等问题，对儿童实际监护人提供监护指导、批评教育和家庭帮扶；对于遭受家庭暴力的困境儿童，及时将情况信息上报至相关科室，并对该部分儿童提供相应的保护措施。通过服务的持续开展，逐渐建立起困境儿童的持续跟踪探访介入机制。

3. 开展个案服务，回应困境儿童个性化需求

通过前期巡视探访中的沟通，再次了解困境儿童处境与实际问题，以确认困境儿童接受个性化服务的意愿及期待，

并与困境儿童及其家庭成员建立基本的信任关系，之后对困境儿童的需求和资源状况进行交互评估。在评估中不仅要考虑困境儿童本人或家庭的状况，也要对影响困境儿童的各种因素进行评估，考虑其价值观、需求、关心的问题以及希望实现的目标，把困境儿童的相关问题和环境结合起来。从微观、中观及宏观三个层面将直接服务与能力建设、资源链接结合起来，实施综合性的个案帮扶计划。对工作内容、服务方案、改变程度、目标是否达成等服务内容及时进行总结和梳理，为每位困境儿童建立个案工作台账。

4. 增加服务供给，开展困境儿童走访慰问服务

在困境儿童面临的问题中，家庭贫困是最主要的，大部分困境儿童家庭经济困难，生活水平较低。因此，在本服务中，我们将开展“冬季送温暖、夏季送清凉”活动，为散居孤儿、事实无人抚养儿童、城乡低保家庭重病儿童、残疾儿童集中开展走访慰问活动，并在活动中为服务对象送去慰问品，在一定程度上缓解困境儿童的生活压力，让困境儿童感受到关爱和温暖。

第三节 低保家庭评估项目设计

项目一 建立新增社会救助对象帮扶台账项目

一、背景介绍

1. 项目名称

建立新增社会救助对象帮扶台账项目

2. 服务对象

新增城乡低保、低收入群体，以及生活陷入困境的群体

3. 项目面向的社会需求

随着社会的发展，社会救助对象的需求也逐渐多样化，通过本机构执行的救助服务，我们了解到，仅依靠资金和物资救助的方式已难以满足救助对象的需求。据相关数据统计，在本项目设计时，FT 区共有 1 000 余户新增社会救助对象，涵盖了低保、低收入以及特困人员等群体。他们的需求也是多样化的，例如理解政策的需求、公租房申请的需求、残疾

器具申请的需求、低保家庭中的儿童教育需求等。这就需要我们细分扶贫服务对象类别，进行“一户一档一策”入户调研，建立服务档案，录入台账，明确救助对象的服务需求，进而为其提供更加精准的救助服务。

二、项目目标

1. 通过对救助政策的解读，让更多救助对象了解自己的相关权益，为救助对象提供更为科学的界定标准。

2. 通过支持网络的建立，协助救助对象获取政策、物资资源，培育他们的社会资本，让他们在往后的生活中能够有所依靠、有所盼望。

3. “精准救助”是实现精准扶贫和全面建成小康社会的重要环节，根据救助对象的家庭情况、资源状况、贫困成因、劳动力状况等具体情况进行分析，逐一梳理出因残、因学、因病、缺技术、缺少劳动力、缺资金等不同问题，进而因人施策。

三、项目内容

（一）信息录入及帮扶方案的制定

1. “一户一策一档”建立工作

按照“一户一策一档”的原则，建立精准救助帮扶台账，采用入户方法，由社会工作者会同社区专职工作人员以及志愿者，根据社会救助对象的年龄结构、身体状况和服务需求，逐户、逐人建立档案，并根据不同救助对象的需求制订帮扶工作方案。组织社工及志愿者定期进行小组交流，提出具体服务措施或对策，并由事务所救助专家进行督导，以保证服务措施的有效性和精准性。“一户一策一档”的目标，一是实现精准服务，二是实现精准满足服务对象的需求。

2. 建立帮扶信息台账

将搜集到的社会救助家庭的基本情况、需求信息、救助帮扶建议，以及资源链接方式、救助帮扶结果、回访记录等情况录入精准救助帮扶系统，建立社会救助家庭精准救助帮扶信息台账，比如针对需要救助帮扶的困难群众，机构将在了解困难情况后 1 个工作日内派社工开展入户访谈，在 2 个工作日内将信息纳入帮扶台账，并根据社会救助对象的情况及时对台账进行修订和内容分析，及时向民政部门反馈分析结论。

（二）资源链接及常规性服务的开展

1. 建立应急处置机制

对遭受暴力、遗弃、忽视的困境人群，建立应急处置机制，开展临时紧急庇护安置，做好应急救助响应。与医院建立联系，方便为遭受暴力以及被遗弃的困难群体进行相应的身体检查，确保他们的生命安全，同时在应急机制中建立紧急救助人群档案，将这些困难群体登记在册，必要的时候交由相关部门进行处理。

2. 普及救助政策

在与有关职能部门沟通核实求助对象信息真实性后，向救助家庭及人员普及社会救助政策，使他们了解申请救助渠道、FT 区社会救助部门的联系方式等信息，让社会救助人员了解如何申请社会救助，从而帮助救助对象获得可持续发展的动力和资源。

3. 服务资源链接

前期入户及需求调研后，向符合相关社会保障政策的困境家庭介绍相关的社会保障政策，并进行政策的解读，将困境家庭的基本信息整理成册并转至街道（乡/镇）业务主管部门，确保其享受相关保障待遇。

4. 代理申请救助服务

对于个人申请办理有困难的群体，社工会对其进行访谈，了解其真实情况以及申请办理的难点，将材料整理成册，并向其提供解决办法，对于确实存在困难且无法解决困难的群体，为其提供代理申请等救助服务。

5. 帮扶、资源链接活动

对已经按现有政策享受相关待遇，但生活仍存在一定困难的群体，对其进行入户访谈，了解其现在享受的相关待遇的情况、现在的生活状况以及还存在的困难，将访谈资料整理成册，及时将困境家庭的信息提供给辖区政府、社会单位和慈善组织，共同探讨解决问题的方法以及可以利用的资源，同时协助困境家庭链接更多救助帮扶资源，解决困境家庭存在的实际问题，实现社会救助和社会服务的创新。

6. 提升再就业能力服务

为有工作能力的求助对象举办培训讲座，讲座内容包括基本职业技能培训、求职简历指导、职业素质测评和模拟面试训练等，以此来提高劳动者的就业欲望与能力。通过开展抗逆力提升小组活动，增强救助对象抵抗逆境的能力，使他们心理更健康。了解救助对象家庭最急需解决的生活问题，适度地给予直接帮扶。

（三）开展社会工作专业服务干预

1. 对空巢老人采取“生命回顾个案”疗法和家庭干预疗法

根据人生回顾理论，辅以生命回顾辅导技巧，对社会救助老年人进行生命回顾，减少老人的孤独寂寞感，缓解他们的压力，使他们获得生命尊严。协助他们中肯地评价自己一生的经历，协助他们重新体会人生的价值和意义。同时以“家庭视角”为切入点，联系老人的亲戚，说服亲戚对老年人多加照顾。

2. 对行动能力缺失、认知能力下降的老人，开展“陪伴式”个案服务

由社工、志愿者组成个案干预小组，对行动能力缺失的老人开展生活照料、上门服务等个案服务，以点带面，形成示范作用，带动社区志愿者继续为老人提供服务，从而增加高龄老人与社会接触的机会，提升他们的生活质量和尊严。对认知能力下降的老人开展康复个案服务，帮助老人进行记忆力练习，锻炼他们的记忆力，提升他们的认知能力。为有特殊需求的老人开展特殊辅导，同时协助老人处理与子女等家庭成员的关系，使他们获得家属及亲友的理解和尊重。

3. 针对有劳动能力的青年，开展信心重塑及再就业个案服务

结合个案辅导工作方法，为救助家庭中有劳动能力的青年群体提供有针对性的就业指导服务。针对该部分群体普遍缺乏一技之长、求职成功率不高等问题，采用“一对一”的方式，指导该部分青年群体认识自身的不足。建立服务对象

的就业服务档案，包括个人就业情况（个人能力、家庭情况、就业意愿等）、实施进度、评估报告等情况。协助其接受就业指导服务，提升服务对象解决问题的能力，定期进行总结评估，并在项目周期结束后统计就业情况。

4. 针对有劳动能力但对社会救助存在依赖的人员，进行“自我觉察”个案服务

有一部分社会救助对象安于享受社会救助，甚至对社会救助产生依赖感，不愿脱离低保序列，针对这类服务群体，我们计划以个案辅导的形式进行“自我觉察”个案服务，帮助服务对象脱离低保依赖。对部分存有非理性思维的人员进行就业心理调适，在进行心理调适评估后，分阶段为该部分群体制订个人职业计划，使这部分服务对象脱离低保依赖。

5. 针对社会救助家庭中的青少年，开展“向上流动”课业辅导及自我认知个案干预服务

救助家庭中的青少年往往有一种自卑感，且无经济实力支付课余学习费用。针对该部分群体的需求，由社工及志愿者组成帮扶小组，为救助家庭中的青少年提供“一对一”的课业辅导服务。为存在自我认知问题的青少年，制订个案辅导计划，并采用“三结合”（学校、家庭、社区）的方式对其进行辅导。

6. 针对因罹患大病或遭遇重大变故而使生活陷入困境的人员，开展“补偿性”个案干预

对这些人员采取“补偿性”干预的方法，从两方面进行个案干预，一方面链接资源，解决他们的困难，另一方面进行“心理恢复”，帮助他们重塑信心，减少负面甚至悲观的想法。在生理和心理两方面对这些人员进行“双重干预”，帮助他们走出困境。

第　三　章

老年服务项目设计

第一节　适老化社区建设项目设计

项目一　建设老年友善社区，构建幸福美好家园服务项目

一、背景介绍

1. 项目名称

建设老年友善社区，构建幸福美好家园服务项目

2. 服务对象

社区居民、社区社会组织及其成员

3. 项目面向的社会需求

(1) 社会老龄化，养老问题亟待解决。项目方案涉及的X社区，属于典型的单位型社区，社区人口3 326人，60岁以上老人占社区人口总数的31.2%，且社区中高龄空巢户逐年增多，目前已占总户数的46%。通过前期调研以及与社区老人访谈发现，社区老人所面临的问题及困难越来越多。尤其

是高龄空巢老人，随着年龄的增长、身体的衰弱，其家庭及个人卫生状况、心理状况都有所恶化。

（2）已有服务同质性高，新型养老服务有待开发。根据生态系统理论，社会工作不仅要关注人，老年人的家庭、社区环境、组织同样是社会工作的关注焦点，所以要想解决好养老问题，不仅仅要提供直接的服务，更要从各个方面介入老年问题，要从老年人所处的社区生态环境入手。通过建设老年友善社区，为老年人营造良好的社区生态环境，从而改善老年人的生活。

二、 项目目标

1. 通过兴趣小组的开展，帮助老年人培养兴趣爱好，提升老年人自身效能感。

2. 提高老年人的社区参与度，了解社区相关事宜，增加老年人之间的亲密程度和互助程度。

3. 完善社区服务网络，减轻社区居委会老年服务的压力，增进社区居民对社区的认同感。

4. 开展专业社会工作服务，征集公益点子，总结老年友善社区服务经验，制订重点服务对象档案。制作老年友善社区建设成果展示手册，供宣传与推广。

三、 项目内容

1. 方案设计

专业社工结合老年人和社区的需求，运用相关的理论设计具体的服务方案，并邀请专家学者开展专门的学者工作坊以及专家研讨会，最终制订切实可行的服务计划。

2. 志愿者招募与培训

通过社区宣传、个人报名、集中招募等渠道，协助建立社区志愿者个人档案，内容包括：个人基本信息、专业技能特长、联系方式、结对服务对象、参与培训项目、服务项目与时间等。

链接北京高校资源，为志愿者提供专业的知识与技巧培训，为日后活动的开展提供相对专业的服务。并且志愿者在学习服务知识的同时，也提高了自身的志愿服务能力，能够体现出社会组织的针对性以及专业性。

3. 社区友善服务网络培育计划

通过培育社区志愿服务组织、社区老年小组，以及引入专业机构的居民服务项目等方式，构建和丰富社区服务网络。根据居民需求和组织功能，合理规划外来社会组织与社区自组织的服务与活动，如项目工作坊、组织建设拓展等。通过定期举办午餐会、联合开展服务活动等方式增进组织间的合作与互动，为社区居民提供更有针对性的服务，提高社区服务网络的效率。

4. 居民参与的服务计划

老年友善社区的建设与居民的社区参与程度密切相关。（1）邀请社区社会组织以及社区居民参与社区相关事务，开展以X社区为中心、辐射全域社区的大型宣传活动，制作项目宣传展板，每个社区选一个宣传点，轮流宣传友善社区项目的活动。让居民了解社区的资源以及各类社区组织提供的服务，鼓励居民积极参与社区事务，提高居民的社区参与度。（2）开展文体活动，调动居民的积极性，并组织居民间的相互学习。（3）举办老幼互动活动。通过举办一系列的老年人与儿童共同开展的活动，拉近居民与社区之间的关系，促进社区居民的社区参与，提高居民的社区参与意识。

5. 环境建设的服务计划

"一楼一风华，一社一文化"社区微创投环境改造。"公益微创投"是通过向社区居民发布扶持信息，让居民进行项目申报，由社区进行资助，并由居民发动自身力量进行社区服务的一种服务方式。本计划通过公益微创投，面向社区居民征集公益点子，进行社区资源整合，发挥社区、社会组织和社工三方力量，提升居民对社区治理的参与度，引导居民参与楼道环境改造、门楼维护、社区卫生清理等活动，以点带面，带动其他社区居民参与到环境建设当中，携手共创美好家园。

6. 文化建设的服务计划

本计划运用生态系统理论开展服务，生态系统理论是一种服务视角，服务的重点不再是老年人个体。本计划将整合家庭、社区、组织三方面的力量，以此来全方位地服务老年人。(1) 开展各类兴趣小组。培养老年人的兴趣爱好，培养老年人的动手能力，使他们的晚年生活更加有意义。通过兴趣小组，加强老年人的自身能力建设，发挥同辈群体的影响力，在老年人中逐渐建立起互相帮助的观念，促进社区共融。(2) 组织“长者故事”系列活动。工作人员搜集社区内的老年人的生活故事，并向社区居民进行宣讲，让社区居民了解社区内老年人的故事，感受社区老年人的精神，进行文化的传递，拉近社区内居民的距离，促进社区共融。

项目二　社会工作介入军休老干部综合服务项目

一、背景介绍

1. 项目名称

社会工作介入军休老干部综合服务项目

2. 服务对象

军休老干部

3. 项目面向的社会需求

相关数据显示，截至 2014 年，中国老龄人口达到 2.12 亿，占总人口比重达 15.5%，中国已成为世界上老年人口最多的国家。未来 15 年，全国养老服务业总产值将突破 10 万亿元。根据联合国发布的预测，到 2050 年时，中国 60 岁及以上老人占总人口比例将达 36.5%。中国老年照护服务存在结构性短缺问题，专业社会工作者参与养老服务能很好地弥补不足。

2015 年，FT 区共有军休老干部近 2 万人，分布在 FT 区的 26 个干休所与社区，军休老干部需要安享晚年，但是目前各干休所针对军休老干部提供的服务是不够的，干休所人员力量的不足与专业社工服务能力的不足使得服务不能满足军休老干部的需求，所以需要更多的社会力量的介入。

二、 项目目标

1. 提供解决军休老干部问题的方案，探索形成一套有效的“军队离休老干部”服务模式。

2. 针对前期调研，形成一份《FT 区军队离休老干部需求调研报告》，通过抽样的方法了解军休老干部的普遍需求，为北京市军休服务机构提供参考。

3. 在 FT 区培育 1—2 个服务军休老干部的社区自治组织，逐步实现“社区自服务”。

4. 召开成果研讨会，总结项目经验，形成可以复制和推广的“军休老年人”服务模式，建立军休老人服务的常态化机制。

三、 项目内容

1.“老有所需”——军休老干部日常需求调研

（1）需求问卷设计。设计调研问卷，搜集军休老干部群体的服务需求，计划抽取 10% 的样本进行结构性问卷调查，配以面访调研。从“日常需求”“兴趣专长”“希望的社区参与方式”几个方面进行调研，全方位了解 FT 区军休老干部的日常需求。

（2）撰写需求报告。根据调研，利用数据分析方法总结并出具一份《FT 区军休老干部需求调研报告》，为后面的小组、社区的活动设计提供参考。军休老干部需求的调研报告可作为以后开展军休服务的参考范本，为各类服务提供基础性依据。

（3）基本信息的收集、录入与信息台账建立工作。建立相应的FT区军休老干部服务台账，形成FT区军休老干部服务台账一本。此台账内容的设计旨在搜集除个人基本信息之外的内容，包括：兴趣爱好、心理状态、日常需求等，进而开展更深层次的台账统计工作。

2.“老有所慰”——走访慰问军休老干部的活动

（1）开展退休老干部的走访、慰问工作，了解他们的思想动态、服务需求等。开展日常服务和慰问工作，通过走访与军休老干部建立信任关系。以走访慰问为建立信任关系的出发点，为后面各项工作的开展提供基础。

（2）开展退休老干部日常友伴服务活动，建立军休老干部友伴机制，定期上门探望军休老干部，提供日常陪伴服务。建立“友伴社工队伍”，分组为军休老干部提供友伴服务，按月更换组别，以免军休老干部对个别社工产生心理依赖，流动性友伴机制既能使军休老干部得到日常陪伴，又不会使军休老干部产生依赖感。

3.“老有所乐”——社区融入综合服务

（1）开展服务军休老干部的专业活动，以活动增强军休老干部归属感，提高生活满意度。每个干休所每月举办一次活动。以干休所为开展站点，通过2—3个月的活动开展情况，选取活动参与度高的干休所或社区增加活动频次，有针对性地开展社区重点活动。

（2）运用专业的社会工作方法开展老干部个案帮扶与心理慰藉工作。综合运用缅怀往事疗法、验证疗法，开展个案帮扶、心理慰藉活动。由社工建立军休老干部个案帮扶档案。在进行服务的过程中发现需要心理慰藉的军休老干部，对其进行心理慰藉干预，对程度较轻的进行适当心理疏导，对程度较重的建立单独档案，并由 FT 区的专业心理咨询机构进行全程心理慰藉服务。

（3）家属的沟通协调工作。运用“家庭系统”理论，以家庭为切入视角开展服务活动，通过宣传养老政策、沟通交流、安抚慰藉等方式，与军休老干部家属建立良好的关系，运用家庭视角了解军休老干部面临的问题，寻求解决方法，协助其他各项工作的展开。

（4）“光辉生命历程回顾”活动。运用优势视角理论，为军休老干部开展“生命历程回顾”活动，回顾他们的生命历程，将光辉的故事编辑成册，在军休所进行展示。通过口述历史活动，增强军休老干部的生命尊严，提升他们的荣誉感。

（5）开展“重阳节·父母和我的故事”活动。在重阳节，在微信、微博等自媒体平台上持续推送父母与子女之间发生的小故事，提升子女对父母的关注。

（6）开展“老有所乐”军休老干部兴趣小组。运用社工服务手法建立“老人康乐小组活动”。开展广场舞、书法、武术、歌唱小组，为军休老干部提供发挥自己才艺的平台，丰富他们的日常生活，增加与他人沟通交流的机会。

4.“老有所为”——老年服务类社区自组织培育工作

（1）在社区中进行老年服务类自组织的培育。依托FT区社会组织培育中心，进行老年服务类自组织的培育工作。培育的组织有两类：一类是在社区内可以为军休老干部提供的社会组织，另一类是军休老干部自身的兴趣活动小组。通过社区社会组织的力量，力争在每个社区都建立一个相关的服务组织。在经过一年的组织培育之后，在第二年通过培育的社会组织为退休老干部提供服务。

（2）“优秀老年服务类社区自组织”评选奖励。发掘优秀的老年服务类社区自组织，进行评选、奖励，对先进典型进行表彰，鼓励更多的社会组织参与到军休老干部相关社会工作的服务当中。将优秀的社区自组织的先进经验汇编成册，开展经验宣传，提供可复制的经验。

5.“老有所依”——建立支持网络的服务

（1）医疗照护服务，依托专业的养老照料机构，为军休老干部提供医疗照护、身体检查、日常照料等服务。

（2）建立“老干部帮帮团”互助小组，强调通过建立社会网络来改变现状。特别对那些利用社会网络能力不足的军休老干部，给他们以必要的帮助，帮助他们扩大社会网络资源，提高其利用社会网络的能力。在社区招募有需求的军休老干部，帮他们成立互助小组，为互助小组链接社会资源，推动互助小组的发展。

（3）构建低龄老人服务高龄老人的军休老干部服务模式，在服务过程中发现有积极性的低龄老人，在社区内成立志愿服务队。为社区高龄军休老干部提供需要的服务等。每月举办一次社会服务活动，提升社区内军休老干部的自我成就感和自我价值感。最终实现低龄老人服务高龄老人的服务模式。

6.“老有所想”——项目宣传工作

（1）了解军休老干部的思想主张，为军休老干部提供一个“发声”的平台，宣传军休老干部的思想主张，让更多的人了解军休老干部的思想动态，提升军休老干部群体的存在感与荣誉感。

（2）设计并推广“军休老干部服务月刊”，汇总每月的服务情况，对当月的服务情况进行集中宣传，选取积极的军休老干部作为“封面人物”，并在月刊上报道军休老干部的事迹。

（3）计划建立FT区军休老干部的微信公众号，运用新媒体的力量宣传项目服务，呼吁更多的人关心军休老干部。

（4）计划每年在《军休通讯》或《军休之友》杂志上刊登不少于6篇的报道，在市级以上报刊刊登相关报道。

第二节　居家养老服务项目设计

项目一　“夕阳别样红”——社会工作介入贫困空巢老人多元需求服务项目

一、背景介绍

1. 项目名称

“夕阳别样红”——社会工作介入贫困空巢老人多元需求服务项目

2. 服务对象

项目的服务群体分为两类，支出型贫困空巢老人和非支出型贫困空巢老人

3. 项目面向的社会需求

（1）空巢老人数量逐渐上涨。当下中国社会存在老龄化问题，老年人数量逐渐上涨，有研究指出，到2035年，60周岁以上老年人口将达到4亿。《中国家庭发展报告（2016年）》

指出，随着现代家庭结构和居住形态的变化，中国空巢老年人人口占全国老年人总人口的一半，未来，这一比例预计将突破70%，亟须关注。

（2）贫困空巢老人具有多元化需求，亟须关注。在调研的过程中，我们发现空巢老人群体存在多元化需求。一方面，老年支出型贫困群体与非支出型贫困群体的主要需求有差距，前者是由于家庭收入略高于当地的最低生活保障线，无法享受低保，处于社会救助的“夹心层”，最需要经济帮扶，存在就医困难、基本生活困难等问题；而后者由于政府在物质方面给予了较多的帮助，因而在一定程度上能满足自身的生活需求，该部分群体有自我实现的需求，比如：家庭关怀和照料、参与社区集体活动、成立兴趣小组等。另一方面，有子女的空巢老人与无子女的空巢老人的养老需求不同，前者更需要家庭中子女的赡养和陪伴，后者的首要需求是生活照料。面对群体的多元化需求，必须有针对性地提供相应的服务，因人而异才能达到预期的服务效果。

二、项目目标

1. 发放问卷，并运用SPSS分析所得数据，形成调研报告。

2. 制作项目宣传折页，并在社区内进行发放，引导更多的居民关注。

3. 根据调研结果，为支出型贫困空巢老人筹款，缓解他们的经济困难。

4. 服务空巢老人家庭，强化家庭功能，提高子女与老人的沟通效率。

5. 在社区建立“夕阳红兴趣小组”，发挥空巢老人的内在潜能，满足他们自我实现的需求，丰富空巢老人的生活。

6. 在社区建立“夕阳红互助会”，充分利用社区优势资源，形成社区空巢老人帮扶支持网络。

7. 为无子女照料的空巢老人寻找近亲属作为照料者，探索亲情替代的空巢老人服务新模式。

三、项目内容

项目从多元服务需求出发，设计了“123”服务模式。

表 1 “123”服务模式简表

概　念	内　　容	需求类别	服务内容
立足 1 个目标	满足空巢老人多元需求		

（续表）

概　念	内　　容	需求类别	服务内容
面向2类群体	支出型贫困空巢老人	经济帮扶	"情暖夕阳"系列活动：空巢老人手工作品义卖、线上线下众筹
	非支出型贫困空巢老人	社会参与、尊重、自我实现	"夕阳驿站"系列活动："倒带人生""家有一老如有一宝""邻里守望相助""老有所依"等
兼顾3种介入对象/方式	家庭	生活赡养、精神陪伴	"微心愿"计划、"智能手环"活动
	社区	社区参与、自我实现、生活帮扶	"夕阳红兴趣小组""夕阳红互助会"活动
	近亲属	基本生活照料、精神陪伴	"老有所依"——无子女空巢老人照料者寻找计划

（一）前期宣传及调研

宣传：联系社区的工作人员，完成项目的前期对接工作，了解社区空巢老人生活现状，包括物质、精神层面的情况，询问是否有过入户调查或入户慰问的相关数据资料。制作项目的宣传折页，通过实地走访及社区工作人员的帮助等方式进行发放。

调研及招募服务对象：在以往调研报告的基础上，以问卷调查的形式更深入地调查服务对象的多元需求。获取社区空巢老人更准确的信息，使得后续帮扶工作能更有针对性地开展。基于以上的走访和调研需求，招募和筛选服务对象。

（二）服务内容

以“123”模式（如表1所示）为主线，依据生态系统理论、优势视角及马斯洛的需求层次理论，整合小组、个案、社区三种社会工作维度，充分利用并整合优势资源，满足空巢老人的多元化需求，由近及远，以点带面，形成空巢老人需求支持网络。

项目侧重为服务对象提供相应的服务。

1.“情暖夕阳”——服务支出型贫困空巢老人的活动

根据马斯洛的需求层次理论，支出型贫困空巢老人的主要需求在于低层次的经济需求。针对这一需求，提供相应的服务，帮其摆脱贫困。依据社会工作中的优势视角理论，我们相信每位帮扶对象自身的潜能，我们将帮助他们充分利用自身的优势资源，达到“自助”的效果。

（1）开展“情暖夕阳——空巢老人手工作品义卖”活动。邀请专业老师教授手工品制作技能，服务对象学会相关技能后可独立创作，定期在居住社区或邻近街区义卖相关成品，让贫困空巢老人用自己的双手为生活添砖加瓦。

(2) 开展“情暖夕阳——线上线下众筹”活动。社区众筹和网络众筹活动同时举行，集合各方力量和资源帮助解决老人的经济问题，让他们能够安度晚年。

(3)“情暖夕阳——绿色通道”活动。根据前期调研数据结果，社工筛选符合条件的支出型贫困空巢老人，通过走访，深度了解其经济状况和需求，通过向民政部门或街道申请一次性补助和重特大病救助，帮助这类困难群体渡过难关。

2.“夕阳驿站”——非支出型贫困空巢老人

以优势视角理论为切入点，充分了解这类群体自身的优势，强化其家庭功能，并为无子女的空巢老年人寻找照料者，通过生命回顾了解老人的特长，动员该部分群体参与社区服务。服务路径以三个服务为辐射点展开。

(1)“家有一老，如有一宝”——家庭养老功能强化。根据前期调研结果，针对子女探望频率少（一周少于 2 次）的空巢老人的子女开展服务活动。

① 开展“微心愿”计划。根据前期调研，筛选符合条件的服务对象，开展个案工作。收集服务对象的微小心愿，告知空巢老人的子女，使得子女能够了解老人的心愿，为老人实现小小的心愿。以此为契机让子女与老人更加亲近，强化

家庭养老功能。

②“智能手环”。与相关的养老机构对接，给空巢老人发放“智能手环”，让老人的子女能够时刻关注父母的动态和健康状况，探索使用智能科技帮助强化家庭养老功能。

③“老有所依”——无子女空巢老人照料者寻找计划。生活照料是无子女空巢老人的首要需求，也是最根本的需求。由社工积极走访，了解老年人的生命历程、亲属成员、生活环境，帮助服务对象联系可照料其生活的其他亲属，针对有意向提供照料者，可代为咨询相关法律问题，必要时也可帮助其寻求法律援助，双方通过商讨，缔结有关照料回报的法律契约。

④“倒带人生”——生命历程回顾。首先要提升空巢老人的人生自信心，这也是社工介入服务的破冰阶段。引导空巢老人向电影倒带一样回忆印象深刻的人生片段，感悟自己的人生价值，提升自信。同时社工也可通过这一环节，与服务对象建立信任关系。最后可将成果制作成回忆录。

（2）“邻里守望相助”——社区居民帮扶。帮助空巢老人解决生活上、精神上的问题，让空巢老人参与社区生活，动员社区其他居民关注帮扶工作，并志愿加入帮扶队伍。

① 挖掘社区领袖人物，建立“夕阳红互助会”。开展茶

话会、生日会、定期慰问等集体活动，满足服务对象的实际生活需求，让服务对象感受到社区的温暖，使他们的精神得到慰藉。

② 成立“夕阳红兴趣小组”。根据前期调研结果，分析服务对象的兴趣爱好，组织有相同爱好的空巢老人建立兴趣小组，定期开展相关兴趣活动，比如剪纸、歌唱、曲艺等，提高服务对象的社区参与度。

项目二　居家康复·乐享晚年项目

一、背景介绍

1. 项目名称

居家康复·乐享晚年

2. 服务对象

社区老年人、志愿者

3. 项目面向的社会需求

（1）居民需求。项目设计的 X 社区为典型的单位型社区，社区内居民多为单位职工，年龄相对较大，整个地区老龄化问题比较严重，老年人口占总人口的比例约为 30%。目前，辖区内老年人多与子女同住，也有部分空巢独居老人。经济来源为退休金和子女收入。在生活照料方面，或由子女在闲暇时间照料，或夫妻互相扶持，少数有条件的会聘请家政服务人员照料生活起居。但这些无法满足老年人在物质和精神方面的需求。

（2）政府政策要求。2022 年的北京“两会”上，不仅人大代表、政协委员热议养老工作，而且市人大还专题审议了《居家养老服务条例》实施情况，并将养老议案作为 1 号议案交由政府办理。时任北京市副市长王宁曾指出，近年来，养老问题得到了市委、市政府的高度重视。2022 年，全市的养老工作将推进政策创新，研究制订加强居家养老服务、推进“医养结合”的工作意见。可见，政府已经在老年工作方面做了明确的指导，为我们下一步的工作开展，指明了方向。

二、项目目标

1. 项目立足于地区实际，深度探索和挖掘可利用的资源，并加以整合，让老年人能够最大限度地就近接受服务。探索居家养老、居家康复的新模式，解决病后居家康复难这一问题。填补因子女无暇顾及而产生的护理缺失和情感缺失。

2. 响应《北京市居家养老服务条例》，满足老年人对社会化服务的需求，提高老年人的生活质量，探索居家养老的"医养结合模式"。

3. 提倡社区参与，合理运用社区资源。让居民共享更多的社会服务资源。促进社区互助文化建设，构建和谐社区。

4. 倡导志愿服务精神。在孩子们的心中种下志愿服务的种子，让志愿服务精神代代传承。

三、项目内容

（一）需求评估和项目宣传

1. 项目宣传

依托街道办事处的宣传渠道及辖区单位的宣传优势，让本项目被社区居民所了解，并得到居民们的认同和支持。具体的宣传途径可以利用街道办事处的宣传海报、宣传折页以及网络平台（官方微博、微信公众号）等。

2. 服务对象招募

开展服务对象招募，深度挖掘需求，调整服务方案。特别要招募社区内的青少年及其家庭成员作为志愿者，参与到居家养老志愿服务活动中。

3. 志愿者动员和培训

(1) 对志愿者进行相关的培训，对合格的志愿者进行分组，并分别指派专人负责具体项目的实施。

(2) 对社区内已有的合作单位进行培训，了解老年人衰老特征、生活习惯、日常服务注意事项等内容，使服务人员能够更好地开展服务。

(二) 发现、挖掘和链接资源

1. 网罗服务单位资源

通过走访等形式，向辖区周边的单位及社会组织宣传本项目的具体内容，激发它们的社会责任感，动员其积极投身到服务之中。

2. 搭建资源共享平台

要深入了解积极参加此次活动的单位、社会组织及个人能够提供怎样的服务。把这些社会资源与街道、社区的资源进行对接，建立资源共享平台，并建立制度化管理模式，用以保障志愿服务、低偿服务的后续落实情况。

(三) 具体服务实施

根据本项目服务的人群及需求，整个项目将分成三个特色子项目，分别是“社区养老”服务、“居家康复”服务以及由亲子家庭志愿者提供的互动为老志愿服务。每个子项目又是由多个服务内容组成的，由此形成了一个比较系统的服务项目。具体的安排如下：

1.“社区养老”服务

（1）“老有所养”，充分利用社区的日间照料室等资源，为老年人提供社区养老服务。举办专业健康讲座，根据老年人的需求，分为健康、安全、生活常识等主题，为老年人普及健康饮食、日常起居、急救医护知识，树立正确的养生、健康观念。

（2）“老有所乐”，组建老年学习互动小组，扩大老年人的社会交往网络，丰富老年人的精神生活，培养兴趣，陶冶情操，使老年人老有所乐。

2.“居家康复”服务

通过居家养老互助会，整合各类社会资源，引入家政服务资源、养老机构资源、医疗机构的人力资源，建立社会资源共享平台，根据出院在家休养的老年人的身体状况，制订个性化的康复计划。开展家政入户、看护、理疗、针灸、按摩、康复训练等服务。

3. 亲子家庭志愿者提供的互动志愿服务

加强老年人与少年儿童的互动与交流，消除老年人的孤独感，扩大交际圈，同时也有助于形成社区互助的文化。

（1）开展“送温暖”活动。开展义卖和义送（将制作的物品送给老年人）活动，带领孩子去看望困难老人，为他们送去温暖。

（2）不定期开展“家庭小舞台”活动。组织少年儿童志愿者和家长一起在老人家中表演节目。增加老年人与孩子的互动，使老人、孩子同欢乐，让老年人感受到含饴弄孙的幸福，也让孩子懂得要尊老敬老。促进老年人的身心健康。

（3）开展“家庭学堂”活动。让青少年志愿者走进不便出门的老年人家中。让孩子们教老人学习英语、歌曲、手指操，一起做手工，为老人读书读报，共同学习探讨，让老年人有机会将自己的人生经验分享给其他人，让其人生价值得以延续，让孩子与老人共同成长。

项目三　社会工作介入社区高龄老人居家养老服务计划

一、背景介绍

1. 项目名称

社会工作介入社区高龄老人居家养老服务计划

2. 服务对象

社区高龄老人及其照料人

3. 项目面向的社会需求

（1）传统家庭养老及机构养老无法全面满足老年人的主体需求。一方面，由于家庭结构的变迁，传统家庭的养老功能日趋弱化，传统家庭的照顾能力受到限制；另一方面，现有的养老机构规模及数量远不能满足当前老龄化社会的需要，且养老机构主要发挥的是“寄养和生存”功能，服务水平有限且服务内容单一。

（2）社区养老服务意识及养老服务水平有待提升。老年人尤其是高龄老年人，常感到孤单，爱好较少，不喜欢参加集体活动。而目前社区开展的一些为老服务大多停留在节日慰问及走访层面。在对L社区中的老年人进行调研后，我们发现仅有18.3%的老年人认为有“社区托老所提供日间照料服务”。目前虽有低龄老人帮助高龄老人志愿服务，但服务的专业性和稳定性不足，而社区管理服务体系提供的服务主要限于文化体育活动，对社区内非正式资源的发掘和利用不够，亟须补救性服务与发展性服务。

二、项目目标

1. 开展“微”课堂计划，让高龄老人在社工的帮助下丰富精神文化生活。

2. 开展缅怀往事小组活动，搜集高龄老人的故事，并装订成册，向老人进行展示。

3. 为行动不便的高龄老人提供生活照料、精神慰藉等上门服务。

4. 为失能老人家庭照料者提供喘息服务，在一定程度上缓解照料者的精神压力。

三、项目内容

针对高龄老年人的共性需求，以“提升能力—重建关系—多维支持”为思路，以专业社工机构为中心，链接社区、家庭、志愿者等多方资源，形成社区居家养老服务补充供给网络。主要服务内容如下：

1. “文化养老”——老年“微”课堂计划

充分利用社区场地资源，以高龄老年人文化需求为导向，有针对性地开展健康养生、书法绘画、手工制作等“微”课堂，以小组形式开展，将有意愿、有一定行动能力的高龄老人组织起来，开展系列文化活动，促进老年人自主学习能力、自我服务能力的提高，在一定程度上丰富老年人的精神文化生活。

2.“光辉历程”——生命回顾计划

根据人生回顾理论，辅以生命回顾辅导技巧，组织“我记忆中的家乡”“乡风民俗”“我的珍藏与你分享”“我身边的那些人”等主题的长者缅怀往事小组；协助有需要的老年人回顾往事，帮助他们中肯地评价自己的一生经历，让老人在回顾的过程中获得快乐，提升满足感、成就感，重新体味人生的价值和意义。

3.“守望相助”——上门服务计划

由社工、志愿者为行动不便的高龄老人提供上门服务，为期 3 个月，包括生活照料、心理辅导等志愿服务内容，每月为每户老人提供至少一次上门服务。以点带面，形成示范作用，带动社区志愿者继续为老人提供服务，从而增加高龄老人接触社会的机会，提升其生活质量和尊严。

4.“老有所依”——家庭照料者支持计划

家庭照料者在长期照顾老人的过程中承受着巨大的心理、生理和社会压力，照料者在照料过程中感觉负担很重。本计划将通过带领志愿者开展上门服务，形成示范作用，为照料者提供心理放松方法，教他们通过交流和分享发泄负面情绪和压力，以此推动照料者的自我保健意识。这些服务能在一定程度上缓解照料者的精神压力，提升照料技能，满足其情感需求。

5.“情暖夕阳”——家庭照顾辅导计划

主要分为两部分:(1)由社工对接专家及社区志愿者为老年人及其照料者开展家庭辅导，同时辅以照料技能培训。(2)对接街道内的医疗资源，开展医护技能培训，弥补照料者技能的缺失。为有特殊需求的老人开展个别家庭辅导，同时协助老人处理与子女等家庭成员的关系，从而使老人获得家属的理解和尊重。

第三节　社区老年互助项目设计

项目一　“邻帮邻”——社会工作介入邻里互助服务试点项目

一、背景介绍

1. 项目名称

“邻帮邻”——社会工作介入邻里互助服务试点项目

2. 服务对象

80 周岁及以上的高龄空巢老人、失能半失能老年人

3. 项目面向的社会需求

随着我国人口老龄化进程的加快，老年问题变得突出，例如养老问题、生活照顾问题等，如何解决老年人问题，让他们安享晚年，已经是社会、社区、家庭都要面对的问题。“邻里互助”居家养老是老年群体进行互帮互助、社会共同参与的一种养老方式，这种养老模式可以使老年人在自己熟悉

的环境中发挥余热，营造一种邻里互助的和谐氛围，使老年人老有所养、老有所为、老有所乐。

社会工作独特的“助人自助”理念，以及专业的工作技巧和方法，使得社会工作者更加注重老年人的个体需求，关注老年人的身心特征，老年人既是社区主要的服务对象，也是社区治理工作的重要参与者。在社区党组织的领导下，依靠社区老党员、在职党员等群体，帮助社区把老人组织起来，让他们自我服务、相互服务、服务社区，并通过整合养老资源为老年人提供专业化和科学化的养老服务，满足老年人多样化的养老需求。

二、项目目标

1. 通过问卷调查和质性访谈的方式对社区内老年人的情况进行调查，了解社区内老年人的数量以及目前的身体状况等。

2. 以社区为单位，对 80 岁以上空巢老人、失能及半失能的老年人进行信息登记，建立服务项目需求和个人健康情况档案，增强志愿服务的针对性。

3. 通过社区宣传、个人报名、集中招募等渠道，招募志愿者，并协助建立志愿者个人档案，方便之后活动的开展。

4. 通过建立互助支持网络，建立社区内低龄老年人与社区其他老人的联系，拓展低龄老年人的交往网络，增强他们的团体认同感。

5. 通过前期平台搭建和关系的建立，上下联动，多方协调，整合并优化社区资源配置，协助构建互助养老服务模式，满足老人的各类需求，形成先进经验，供其他社区参考。

三、项目内容

1. 社区调研及访谈

通过问卷调查和质性访谈的方式对社区内老年人的情况进行调查，了解社区老年人的数量以及目前的身体状况等，让社区老年人了解项目的内容及意义。

2. 互助养老志愿者培训

链接街道及社会的资源，为互助养老志愿者提供专业的知识培训，以便能够为高龄空巢老人提供相对专业的服务，同时，积极建立志愿者管理制度，探索服务回馈机制。

3. 平台搭建服务

（1）搭建老年信息平台。以社区为单位，对 80 岁以上空巢老人、失能及半失能的老年人进行信息登记，建立服务项目需求和个人健康情况档案，增强志愿服务的针对性。

（2）搭建志愿者信息管理平台。通过社区宣传、个人报名、集中招募等渠道，协助建立志愿者个人档案，内容包括个人基本信息、专业技能特长、联系方式、结对服务对象、参与培训项目、服务项目与时间等。

（3）建立“家厨”互助模式。为老人提供上门做饭服务，帮助老人解决生活困难，并发展以家厨为服务典型的互助服务模式。

4. 建立社区“互助爱心屋”

（1）开展兴趣小组。在“爱心屋”中组织各类兴趣小组和互助 DIY 活动。使老年人参与社区互助养老。培养老年人的兴趣爱好是一个继续社会化的过程。在社区互助养老模式中，以增权为理论依据，通过兴趣小组，加强老年人的能力建设，发挥同辈群体的影响力，在老年人群体中逐渐建立起互相帮助的观念。

（2）开展多元化的互助服务。通过社区工作方法，链接社会资源，组织各种慈善资源，利用节假日为高龄老人开展送爱心上门、社区义卖等活动，营造尊重、关爱老年人的社区氛围。

5. 建立“梦想坊”老年邻里戏剧社

上门进行心理慰藉，为孤独的老人开展“戏剧社”排练戏剧活动，使社区老年人在简单的戏剧排练中锻炼配合能力，从而更好地进行互助，另外，老年人可以在戏剧排练中减少孤独感，证明自身价值。

6. 志愿队伍开展各项服务

由低龄老人志愿者队伍为高龄老人提供生活照料、心理辅导等服务。以点带面，形成示范作用，带动社区其他居民为老人提供服务，从而增加高龄老人与社会接触的机会，提升他们的生活质量和尊严。

第　四　章

社区公共服务项目设计

第一节 社区文化建设项目设计

项目一 “传统文化润社区”——以社区德治为切入点的社区文化营造项目

一、背景介绍

1. 项目名称

“传统文化润社区”——以社区德治为切入点的社区文化营造项目

2. 服务对象

社区居民

3. 项目面向的社会需求

(1) 弘扬传统文化是构建和谐社会的客观要求。2017 年 11 月，党中央、国务院发布《关于实施中华优秀传统文化传承发展工程的意见》，提出要传承优秀的传统文化。中华传统文化的传承对和谐社会的建设具有积极作用。

（2）社区传统文化氛围有待加强。本机构通过开展前期调查，以及搜集社区反馈，发现开展过传统文化活动的社区不足 30%，进行过系统的传统文化的氛围营造工作的社区不足 5%。以传统文化促进社区和谐的经验和实践还比较缺乏，亟待实践创新。

二、 项目目标

1. 为社区进行传统文化培训。

2. 通过项目的实施，引导居民积极参与各项活动，逐渐培育传统文化小组。

3. 排练一个以传统文化为主题的话剧，进行文化展示。

4. 组建传统文化服务小组，进行志愿服务。

5. 建立“传统文化社区联盟”，打造有特色的传统文化项目。

6. 根据上述系列活动主题，结合本社区居民的特点与需要，通过量身定做，确定各项活动的具体内容和形式，动员社区居民积极参与，从而营造社区文化氛围，增强社区居民归属感。

三、项目内容

1. 项目汇总和需求调研

(1) 需求调研——通过分析项目反馈表总结受欢迎的项目。

(2) 推广宣传——进行项目前期宣传推广活动。

(3) 服务对象遴选——针对“需求调研”的数据结果和访谈情况，遴选出需求较高的服务对象，制作服务对象联络手册，建立信息沟通平台。

2. 招募培训

由专家对社工和志愿者进行统一培训。开设传统文化教育方法、社会工作与传统文化结合方法等课程，每节培训课时长不少于60分钟。

3. 家道小组（2.0版）——促进家庭和谐

(1) 以第一期家道文化项目为基础，组建家道文化小组。以家庭小组的形式开设家道文化班，主题分别为绘家谱、忆家史、说家训、树家风。帮助社区居民梳理家庭历史、家风文化，凝聚家庭成员关系，促进和谐。

(2) 开展社区“孝文化节”。由社工带领社区居民为社区鳏寡孤独等困难群体送去温暖，将所学传统礼仪用于实际操作，将这一传统美德在社区中进行传播，从而构建由孝文化与家道文化支撑的社区文化，在直播平台上进行活动直播，向社会传递孝文化。

(3) 开展社区第二届“好家风、模范家庭评选”。开展模范家庭评选活动，评选出模范家庭，并发放证书及奖品。评选出的模范家庭要在项目结项会议上进行总结。组织模范家庭对青少年进行宣讲，把家道文化传向下一代。

4. “国学文化”2.0——促进邻里和谐

以“国学文化”为核心内涵，围绕“仁”“义”“礼”“智”“信”等主题开展传统国学文化活动，引导社区居民“善待邻里（仁）、互相帮助（义）、互相礼让（礼）、诚信相待（信）”，最终促进小区形成友爱、友善的氛围。

(1)“邻里学国学”——社区国学讲堂活动。开展国学讲堂活动，邀请国学专家举办讲座，从而使社区居民对国学内容有初步的了解，让传统美德根植于社区居民内心，提高社区居民的人文素养，传承中华民族的美德，也有助于后续活动的开展。

(2)“邻里讲国学”——社区国学演讲会。组织社区居民开展国学互动活动，招募居民讲解自己对国学文化的感悟，在社区中进行演讲。

（3）“邻里画国学”——社区国学绘画与文化墙活动。在社区中征集国画作品，组织居民共同手绘国学文化墙。

（4）“邻里演国学”——社区国学情景剧。在社区中招募居民排练国学话剧，居民自行设计国学情景剧剧本。鼓励更多的居民参与国学互动，让更多的居民了解国学，使国学在社区中得到大范围的传播。

5. 非遗文化活动促进“社区和谐”

“通过非遗文化活动促进社区成员共同参与、相互学习，提升社区整体文化氛围，提升居民整体涵养与德行，培养居民传承传统文化的责任感，促进社区和谐”。此系列活动将邀请非遗传承大师为社区居民传授非遗手工，旨在让社区居民领略非遗之美，在与非遗近距离的接触中培养传承意识，扩大他们的历史文化格局。

（1）“巧手刻纸”——传统美德刻纸手工坊。此活动分为两个主题：一是中华传统美德故事，让居民在刻纸的同时了解美德故事。二是“爱我社区”，让居民在学会传统技艺的同时树立“爱社区、爱居民”的意识，让大家自由发挥，剪出心中的作品。

（2）“心灵手巧”——编织手工坊。编织，是一项与日常生活息息相关的非遗手工技艺。它是人们根据生活需要创造的，是人们生活智慧的结晶。本活动旨在将非遗手工艺与人们的日常生活需要相结合，组织居民进行协作编织，同时编织社区中国结，以此来象征社区居民的团结友爱。将非遗技艺运用到人们的日常生活中，让社区居民对非遗产生认同感，继而传承非遗手工技艺。

（3）“文化责任”——社区非遗传承小组。在社区中招募“非遗文化传承使者”，组建“文化责任非遗小组”，提升社区整体的“德治”文化。开展两场沙龙，借用非遗文化小组的力量延续传承的使命，使得非遗文化真正地在社区落地生根，并与居民的生活紧密结合。

6. “互联网+传统文化”——促进社会和谐

（1）“互联网+精品文化项目”，为社区打造传统文化品牌。开展传统文化活动，组织宣传材料设计和标志设计，提高社区传统文化的知名度与社会影响力。

（2）“互联网+传统文化社区营造联盟”。搭建框架，招募有意愿、有基础的社区打造“传统文化社区营造联盟”，开设微信公众号“传统文化微课堂”。选取适合的社区，聚集力量，制作传统文化产品（如京剧脸谱、书画作品、泥塑作品等），向社会输出“传统文化力量”，打造社区文化软实力。

项目二 “花样年华·文化传承润少年”——社区青少年传统文化教育项目

一、 背景介绍

1. 项目名称

“花样年华·文化传承润少年”——社区青少年传统文化教育项目

2. 服务对象

社区青少年

3. 项目面向的社会需求

(1) 现代媒体的迅猛发展对青少年成长的影响值得关注。青少年是祖国的未来，但随着现代媒体的迅猛发展，网红文化、暴力文化、消费文化等不良文化影响了青少年纯真的心灵，对他们内化道德规范带来了不良影响。

(2) 中国优秀传统文化经历数千年积淀，是国人开启心智的钥匙，对青少年正向发展具有积极作用。中华优秀传统文化是中华民族的根与魂。“家道文化”与“仁、义、礼、智、信”的道德精神能滋润人心，其背后的文化内涵对塑造青少年的道德品质具有重大引导作用。

二、 项目目标

1. 通过开展各项服务，丰富社区青少年的课余生活，促进青少年之间相互学习交流。

2. 培养社区青少年独立思考、解决问题的能力，激发他们对周围事物的好奇心，帮助他们找到自己的兴趣。

3. 以“文化传承润少年”为服务理念，通过丰富多彩的活动内容，提高社区青少年的文化素养和审美情趣，培养青少年的“文化自觉”，实现“文化植根”。

三、 项目内容

1.“微景观·大世界”——微景观制作活动

绿色是生命的象征，是青春活力的表达。在微景观制作的过程中，可以为社区青少年搭建学习交流的平台。微景观是在一个小玻璃容器中，铺设青石、水苔、营养土，摆上新鲜苔藓，再植入植物，用装饰砂石以及公仔进行布景。亲手制作微景观，不仅能培养青少年的动手能力，也能让青少年感受到绿色带来的舒适和放松。一个微景观就是一个属于青少年的童话世界，它能够丰富青少年的想象力，缓解青少年的课业压力。

2.“墨韵成香·七彩童年”——吹墨画体验工坊

吹墨画是一种中国画技巧，我们将邀请专业老师为社区青少年讲解中国画的历史以及吹墨画中的小技巧，激发他们对中华传统文化的兴趣，提升他们的想象力和动手能力，以绘画艺术为载体促进青少年对中华传统文化的了解，正向引导其积极参与公益活动，进一步提升社区文化软实力。

3. “社区好少年”——传统礼仪体验

礼仪是人与人之间交流的规则，反映了人的素养。在本项目中，我们将开设礼仪培训班，培养女孩的公民意识，引导其自尊、自爱；引导男孩成为知礼、懂礼、守礼的君子，做 21 世纪保家爱国的小勇士。通过学习礼仪、传承礼仪，让孩子们将优秀传统文化弘扬开来。

4. “五星红灯”——藤条灯制作活动

藤条灯是一种古老的民间艺术，源远流长。藤条灯制作将给青少年暑期生活注入更多的社会意义和社会价值，让社区青少年在制作五角星形藤条灯的同时感受爱国之情。

5. 举办科普讲座活动

科学研究与实践结果表明，科学普及活动是提高公民科学文化素质的主渠道，对全民科学素质的提升具有基础性的作用。青少年是国家的未来，青少年的科学文化素养将直接影响国家未来的发展。青少年科普教育，是向青少年普及科学技术的教育活动，是提高全民科学文化素质的科普活动中不可或缺的重要组成部分。

6.“字在”——活字印刷体验活动

活字印刷活动让青少年亲自动手体验固版、刷墨、覆纸、刷印、晾干等活字印刷流程。首先让青少年在铅字架前寻找自己所需的铅字块，以竖列的形式一一排版，再涂抹墨汁，按压均匀，在仿古纸卷上进行“印刷”。中华文化需要传承，这些文明的印记需要向青少年普及。活动的开展不仅可以锻炼辖区青少年的动手能力，让他们领略古代印刷技术的独有魅力，更重要的是在寓教于乐中，让他们懂得尊重和传承中国国粹。

7.“扬中华文化·悟国学魅力”——国学讲堂交流活动

经过前期的传统礼仪体验活动，青少年对礼仪文化有了初步的了解。在本板块中，将有专业老师为青少年设计和编排礼仪展示动作，通过礼仪行为展示和礼仪情景模拟课程，让青少年守规矩、知礼教。排练后，我们将组织青少年参加户外游园，从而展现中国礼仪之邦的形象，活动将能培养塑造知礼节、行礼数、重品行的文化自信小公民。

8.“童心同梦·月圆中秋”——户外游园活动

该活动将设置展示区、非遗体验区、游戏区以及中秋美食品尝区。（1）在展示区内，我们将组织青少年进行传统礼仪展示、古筝、陶埙、朗诵等节目表演，给青少年一个展示的舞台，向社区居民传递传统文化的魅力。（2）在非遗体验区，组织青少年以国庆和传统文化为主题进行绘画制作，在国庆时展示这些作品。（3）游戏区设在广场凉亭，组织青少年开展传统游戏，为猜出灯谜的青少年发放活动奖品。（4）中秋美食品尝区将为社区青少年准备月饼、桂花糕、柚子、菱角等特色美食，青少年可以一边品尝美食，一边听老师讲解中秋节习俗。在活动尾声，我们将组织青少年进行活动分享，并让他们写下对社区的美好祝福。本活动旨在创造传统节日气氛，让青少年感知节日内涵，让传统美德根植于他们的内心。

第二节 社区流动人口服务项目设计

项目一 “心的寄托”——流动人口公共安全教育及城市融入服务项目

一、背景介绍

1. 项目名称

“心的寄托”——流动人口公共安全教育及城市融入服务项目

2. 服务对象

社区流动人口

二、项目目标

1. 改善当前安全教育，开创并完善“兴趣—体验—习得—养成”的安全教育体系，提升 FT 区流动人口的公共安全意识。

2. 拍摄公共安全教育公益微电影7部，在FT区以及市级媒体渠道进行广泛宣传和推广。

3. 加深服务对象对首都的认识，增强他们对北京精神、北京文化和北京发展的认同感。

4. 积极构建流动人口社交网络，形成常态化的互助机制，促进流动人口融入城市。

5. 开发并推广北京安居乐业公共安全App，使公共安全教育常态化。

三、项目内容

（一）实施方法

1. 开创“兴趣—体验—习得—养成”的安全教育体系

（1）以服务对象的兴趣为出发点。通过设计并发放问卷，收集定量数据，同时使用访谈、评估、文档查阅等方法搜集定性数据，发现流动人口切实的、迫切的需求。根据需求，以他们的兴趣为出发点，找到适当的切入点，制订内容丰富、易被接受的具体方案。

（2）形式丰富的体验式教学。通过“心的寄托”公益微电影拍摄、流动人口安全体验营等形式丰富的体验式活动，切实吸引服务对象的关注与参与。

（3）从多元化和互动式的教学中习得公共安全知识。通过“模范大使”计划、知识银行、“爱不离”互助小组等活动，使得服务对象从多元化和互动式的教学中习得公共安全知识。设立“暖心坊”，运用专业知识、理论与技巧开展个案工作，为个人提供情感支持、心理辅导。

（4）使服务对象养成良好的公共安全意识，促使他们更好地融入城市。通过具体项目服务，使得服务对象在潜移默化中提高公共安全意识，掌握必要的安全知识和急救技能，感悟安全的意义和价值。研发并推广北京安居乐业公共安全 App，使公共安全教育常态化，使流动人口更好地融入城市。

（二）实施内容

1.“心的寄托”公益微电影拍摄

运用网站、微信公众号等平台积极宣传推广该项目，并征集流动人口融入城市的故事，通过分类、整合，汇聚拥有同类型故事的人，以他们为主角拍摄公益微电影。拍摄公益微电影为周期性活动，通过拍摄，让参与者有一个良好的体验，让他们学到公共安全知识。已成型的影片将被广泛推广，力求以此种形式让更多流动人口了解并参与到项目活动中。

2. 公共安全教育体验营

组织服务对象前往安全教育体验馆、地铁安全教育中心等地，开展以交互式体验为主要形式、菜单式教学为主要内容的安全教育。通过知识性、趣味性、互动性于一体的活动，培养流动人口自救、施救的能力。同时加深流动人口对首都的认识，增强他们对北京精神、北京文化和北京发展的认同感，加快其融入城市的进程。

3.“模范大使”计划

安排模范大使讲述他们融入城市的经历。这些模范大使并不是遥不可及的人物，他们同样经历过初到北京、认识北京、融入北京、发展在北京的人生过程。让模范大使和服务对象一起交流奋斗历程，畅谈人生规划，让模范大使用自己和身边的实例指引服务对象正确看待眼前的困难，一起立志共勉，积极融入北京城市生活。

4. 知识银行

为服务对象开设“知识账户”，记录他们不断进步的过程，随着他们参与活动、学习次数的增多，相应账户的知识“存款”也会增加，“存款”可以用于换取更多的体验式学习机会。我们力求借助此种激励措施，提高服务对象参与项目活动、学习公共安全知识的积极性。从而进一步提高公共安全教育的实践性、实用性、实效性。

5.“爱不离”互助小组

互助小组是依据团体动力学理论提出的，其目的是以育人为中心，树立“以小组成员为本、互帮互助”的理念，通过小组成员的“学习互助，共同成长”，实现个人与团队的共同发展。此活动以“提高公共安全意识、更好地融入城市”为主旨，采用互助小组的形式，从六个阶段进行推进，阶段一：“走到一起”，让组员相互认识并订立小组契约；阶段二：“我相信”，建立信任关系；阶段三：“一路有你”，形成互助关系；阶段四：“风雨同舟”，达成合作；阶段五：“同心合力”，在合作中加强团结；阶段六：“一路走来”，回顾活动过程，巩固团结互助的意识。

6.“暖心坊”个案服务

通过调研和观察，为流动人口中需要特别关注的个体提供情感支持、心理辅导等服务。以问题为导向，以有效解决问题为目标，解答困惑，帮助其提升自信心、树立正确的人生观。

7. 北京安居乐业公共安全 App

随着移动互联网的快速发展，公众已经习惯使用手机应用。通过开发并推广北京安居乐业公共安全 App，可在第一时间做出本地应急预警，推送公共安全知识和应急救援知识，帮助服务对象更好地应对可能出现的极端状况，同时提供常态化更新的信息，为流动人口建立一个实时的安全通信系统，建立一张广泛的公共安全网络，使公共安全教育常态化。

项目二 “心的寄托”二期——社区流动人口公共安全意识提升及社会参与项目

一、背景介绍

1. 项目名称

“心的寄托”二期——社区流动人口公共安全意识提升及社会参与项目

2. 服务对象

社区流动人口

3. 项目面向的社会需求

随着城市的快速发展，越来越多的外来人口进入北京，尽管他们为城市建设作出了巨大贡献，但他们对这个城市普遍缺乏归属感。

二、项目目标

1. 发放宣传资料，遴选出服务对象，制订服务对象联络手册，建立信息沟通平台，为之后的服务奠定基础，做好前期准备。

2. 由专业的救援队为服务对象进行有关安全教育常识的讲解，组织实地演练，通过这些活动对服务对象进行安全教育培训，提高服务对象的安全意识。

3. 通过六个阶段的活动推进，形成互助小组，增强服务对象合作互助的意识。

4. 通过实施“模范大使”计划，提高服务对象的公共安全意识，并提升服务对象对城市的认同感。

三、项目内容

1. 安全意识提升计划

调研报告显示，流动人口对于安全教育培训的需求还是比较大的，所以在项目二期开展时，为满足流动人口的需求，我们将邀请救援队在流动人口聚集的社区开展公共安全教育、逃生自救技能训练等活动。

2. 安全教育互动式体验计划

（1）组织“爱相随”互助小组。采用互助小组的形式来开展活动，可以发挥很好的作用，可以有效促进服务对象之间的团结互助。为了在项目的二期服务中达到相同甚至是更好的效果，我们将继续采用互助小组的形式为流动人口提供服务。互助小组主要从六个阶段进行推进，阶段一："走到一起"，让组员相互认识并订立小组契约；阶段二："我相信"，建立信任关系；阶段三："一路有你"，形成互助关系；阶段四："风雨同舟"，达成合作；阶段五："同心合力"，在合作中加强团结；阶段六："一路走来"，回顾活动过程，巩固团结互助的意识。

（2）实施"模范大使"计划。邀请与服务对象背景相似的模范大使开设讲座，模范大使可以让服务对象感到亲切，从而使公共安全教育更容易推进。

（3）北京安居乐业公共安全微信公众号。我们将在平台上发布本地应急预警、推送公共安全知识和应急救援知识，并在线下组织实地演练，帮助服务对象更好地应对可能出现的紧急情况，真正做到线上线下相结合；同时提供常态化更新的信息，为流动人口解决生活所需，建立起实时的安全通信系统，编织一张广泛的公共安全网络，使公共安全教育常态化。

3. 社会组织培育计划

（1）交互式的体验学习。以流动人口的实际需求为出发点，采用交互式课堂教学的模式，为流动人口提供交互式体验学习，帮助流动人口建立互助支持网络。交互式课堂教学主要包括，第一步：自学读书，根据服务对象的需求，提供相应的书籍以及其他的学习资料；第二步：交流互动，组织学习人员就自己所学的内容进行交互分享，并在分享过程中，习得一些知识或技巧；第三步：汇报展示，根据前两次活动的内容，组织学习人员对自己的收获进行汇报展示；第四步：总结提升，总结前三次活动，通过对整个活动的反思完成对自己各方面能力的提升。

（2）培育积极分子计划。通过交互式的体验学习的开展，了解每个参与者的兴趣与关注点，根据参与者的表现，初步确定积极分子的人选，为他们提供专家培训，并在下次培训会开始之前预留半个小时的时间，为他们提供咨询学习的机会，从而提升他们的志愿服务精神以及相关服务技巧。

（3）培育社会组织计划。整合社区资源，成立社区志愿服务队，邀请专家开展基础知识、业务知识的培训，采用寓教于乐的形式，通过演讲以及情景剧的形式进行培训，并形成“教学—反馈—再学习”的培训模式，为志愿服务队成员提供帮助。同时，根据志愿者的特长及意愿进行资源分配，使志愿服务队能够在最大程度上发挥作用。

4. 流动人口社区参与计划

(1) 开展乡土文化系列活动。根据流动人口的来源地，组织乡土文化表演，并邀请流动人口积极参与表演，提升他们的社区参与度。

(2) 发挥服务队力量，开展志愿服务。发挥社区志愿服务队的力量，引导社区志愿服务队在社区开展多样化的志愿服务，为社区内其他需要帮助的居民或者流动人口提供帮助，从而提升流动人口的参与意识以及参与能力。同时为志愿服务队提供网上咨询平台，为志愿者解决在提供服务的过程中遇到的问题。

第三节　社区服务资源引入项目设计

项目一　“乐助春风行动”——高校青年教师社区志愿服务精准化促进项目

一、背景介绍

1. 项目名称

“乐助春风行动”——高校青年教师社区志愿服务精准化促进项目

2. 服务对象

高校青年教师、社区居民

3. 项目面向的社会需求

（1）社区居民需要更为精准和有针对性的服务。随着社会的进步和社区的发展，社区居民对社区服务的需求呈现多样化的趋势，不同群体的个性化需求需要精细、准确的服务来满足。就FT区的一般情况来看，传统的社区服务往往追求标准化，在很大程度上忽视了社区居民差异化的需求，不能满足不同人群的定制化需求，社区服务的针对性不足、精准性欠缺。同时，服务主体较为单一，所提供服务与居民实际需求匹配度较低。

（2）高校青年教师有科学的理念，可以通过参与公益平台融入社区服务体系，实现知识应用的落地。在此过程中，青年教师将以区域性社区需求为导向，提供专业的、有针对性的支持和服务，进而更好地发挥其传承文化、教书育人的功能，成为社区相关志愿服务方案的设计者、方法的指导者。最终促进社区的建设和发展。同时，青年教师可在志愿服务的过程中不断提升自身实践能力及综合素质。

二、项目目标

1. 通过本项目完成社区居民的综合能力建设，提高其综合素质；向老年人提供科学的健康养生方法与生活观念，提升其晚年的生活质量。

2. 推动社区养成“共学习，共促进”的社区学习新风向。

3. 以“社区需求清单”和“教师专业服务明细”为基础，建立“需求—服务精准匹配站”。

4. 建立青年教师与社区互动的长效机制，不断探索高校青年教师与社区共成长的新模式，长期提供志愿服务岗位，使项目形成一定的品牌效应。

三、项目内容

1. 需求—服务精准匹配站

建立“需求—服务精准匹配站”。一方面，通过与社区合作，把握社区内各群体的阶段性需求，形成“社区需求清单”，并不断更新；另一方面，与首都经济贸易大学青年教师协会积极沟通，制定“教师专业服务明细”，并将其反馈至社区，以供社区居民及社区工作者“点菜”选择。通过此种方法构建“社区‘点菜’—机构统筹—精准化匹配—高校教师服务—社区受益—反馈优化”的服务机制，为社区提供更精细、更准确的服务。

2.“春风暖社区”——精准化社区讲堂

以“需求服务精准匹配站”工作为基础、高校教师自身专业优势为支撑，通过社区讲堂的形式，满足社区居民的多元化需求。社区讲堂将按年龄段分为：青少年组、青年组、老年组，根据不同年龄段的特点提供针对性服务。具体来讲：

（1）青少年组：主要开设社区体验实践类、科普类、手工美术类等课程，旨在加强青少年对社区的认识，使他们增加文化科学知识储备、提升动手能力等。

（2）青年组：主要开设人生励志类、就业指导类、人际交往类、心理减压类、公共安全类等课程，旨在帮助青年更好地在社会中发展。

（3）老年组：主要开设健康养生、骗局识破、理财知识、生活窍门、法律普及等课程，旨在通过易被接受的课程，帮助社区老年人参与自我健康管理，提升生活水平。

3.“春风协成长”——社区工作者研习社

针对社区工作者在区域性社区建设中遇到的实际困难，通过能力提升培训班、经验分享沙龙等形式进行系列培训，以进一步提升社区工作者的能力。培训的主要内容包括：社区建设新模式传授、社区服务能力精准性提升、精细化调研方法、社区发展优秀案例学习、新媒体在社区建设中的应用、实务经验分享与研讨、社区志愿者优化管理等。

4.“春风助提升”——社区发展咨询服务

由高校教师及专业机构专家，通过区域性调查，找出社区建设、管理中存在的阶段性问题，以及社区工作者提出的困难，有针对性地提供科学、切实、可行的解决方案，并指导其实施。服务内容包括：社区建设的目标设定、优化社区服务的路径选择、精准化服务推进方法、社区资源调配等。

5.“春风予回馈”——社区“学习之星”评选活动

本活动分为“居民学习之星”和“社区工作者学习之星”两组。具体分为：

（1）“居民学习之星”。将居民参与项目活动的次数加以记录，推选参与活动次数多的居民为“学习之星”，获得优秀奖的居民将得到高校教师“一对一”辅导的机会。以此激励居民更积极地参与项目活动。

（2）“社区工作者学习之星”。以社区工作者研习社、社区发展咨询服务的开展为基础，征集项目惠及社区工作者协同社区建设及服务。通过案例提交、机构初筛、专家评审、实地考察等一系列评选流程，评选出优秀案例，通过表彰会、展览等形式进行推广。

项目二 “乐助春风行动”二期——高校青年教师社区志愿服务计划项目

一、背景介绍

1. 项目名称

“乐助春风行动”二期——高校青年教师社区志愿服务计

划项目

2. 服务对象

高校青年教师、社区居民

3. 项目面向的社会需求

（1）社区居民对知识、信息和服务的需求越来越专业化。随着经济的快速发展，社区居民对精神文化生活的需求越来越高，但面对日益纷繁的各类信息资讯，社区居民对服务的要求越来越专业化，他们希望由专业人士提供知识、信息和服务，同时也希望由公信力更高的机构或个人提供服务。另外，随着生活水平的提高，社区居民对服务水平的要求也日益提高，他们亟须获得投资理财、食品卫生、健康养生、子女教育等方面的专业知识。

（2）高校青年教师参与社区志愿服务有利于科研成果的转化。高校青年教师参与社区志愿服务可以是多形式的。一方面，他们可以在社区进行调研活动，满足自身的科研需要，同时又帮助社区解决了实际问题；另一方面，他们还可以举办讲座、小组辅导与培训等活动，提升自己的教学水平，让社区居民、社区工作者和社会组织管理者受益。

二、项目目标

1. 青年教师通过举办讲座的形式，向居民讲授他们感兴趣的知识，让居民真正领略到专业讲师的风采。

2. 青年教师通过“一对一”咨询的方式，对社区工作者遇到的问题进行答疑解惑，并举办相关的能力建设培训活动，提升社区工作者的工作能力和工作效率。

3. 青年教师通过开设能力建设培训课程，对社会组织的管理者进行有关项目设计、执行、评估等方面的培训，提升社会组织管理者的管理能力，有助于社会组织的运营与发展。

三、 项目内容

1. 系列讲座

系列讲座活动在一期项目中取得了良好的效果，得到了参与群体良好的反馈，在回访中我们也了解到，居民对于一期项目中的实用、易学、贴近日常生活的讲座内容表现出更强烈的兴趣，二期项目据此在服务内容上进行了丰富和调整，主要包括：“朋友圈”养生信息真假大辨别、育儿经验分享会、夫妻相处之道、北京免费又好玩的景点、白领健身操、都市男女的健身养生知识、老年人长寿小秘籍、日常护肤小技巧、生活小窍门、生活中的常用法律知识等内容。

2. 社区组织发展咨询系列活动

社区发展咨询系列活动在一期项目中主要以小组活动的

形式对有共性需求的参与者进行培训，在项目回访的时候我们了解到，参与者对“一对一”的咨询和培训方式更感兴趣，因为参与者可以在咨询的过程中进行深入交流，因此二期项目拟在部分活动中采取“一对一”咨询方式，让参与者就组织发展诊断、管理咨询、能力培训、项目设计、项目申请等相关主题进行咨询。

3. 社区服务建设系列活动

二期项目将增加高校教师指导社区工作的活动，主要包括：青年教师社区调研、社区工作能力提升讲座、社区人员工作管理咨询，以帮扶社区建设，提高社区和社区工作者的服务水平。

第　五　章

社区治理项目设计

第一节　社区社会组织培育项目设计

项目一　街（乡/镇）社会工作服务项目

一、背景介绍

1. 项目名称

街（乡/镇）社会工作服务项目

2. 服务对象

社区社会组织成员、居民骨干、业委会成员

3. 项目面向的社会需求

（1）街道内老旧小区治理问题众多，缺乏有效治理手段。当前街道内老旧小区治理主要存在以下问题：居民自治意识不强，参与社区治理的程度不高。大多数居民停留在“知晓、出席和表达”的低层次参与水平，难以上升到“决策和自我管理”的高层次参与水平。且老旧小区硬件设施陈旧，不利于社区治理工作的开展。公共资源紧张，如车位数量不足、安保设施不全、文体活动设施和公共休憩空间紧缺。社区治理大多局限于社区内部，缺少与政府、企业和社会组织等外部机构的协作，主要依靠政府推动，缺少社会组织的介入和参与。

（2）服务供需失衡，街道内老旧小区物业服务缺位。本项目涉及的社区大多建于20世纪五六十年代，原有的基础设施逐渐陈旧，相应配套设置不完备，存在管道老化、供暖不达标、饮用水质较差、停车管理难等问题。这些问题形成的原因有三：一是这些社区为单位型社区，且建造时间较早，规划较为简单化，部分社区的产权构成复杂，设施改造以及管理涉及多个部门，关系协调较为复杂；二是自北京市推进国有企业（含中央企业）“三供一业”分离移交工作以来，在交接过程中对分离移交的范围、移交改造的沟通机制、物业服务质量测评、移交信息公示等问题，均未进行明确解答，造成信息不透明、居民对物业管理不信任；三是老旧小区基础设施差，改造和维护成本较高，物业客观上不能、主观上不愿向老旧小区提供服务。

二、项目目标

1. 促进居民参与治理，解决小区问题。通过挖掘居民的潜力，培育居民的领导能力，推动居民参与集体活动，群策群力地解决社区问题，改善居民的自我形象，提升居民的自决和自立能力。

2. 用社会工作的方法开展系列服务，用社会工作理念来丰富社区工作理念，影响并提升社区管理服务水平。

3. 举办联席会，搭建交流沟通的平台，明确街道、物业、业主委员会、物业管理委员会的各自职责，以沟通的形式化解居民和物业之间的矛盾，促进有效沟通。

三、 项目内容

本项目主要包含两大板块的内容，一是用优势视角发掘社区队伍、社区领袖的潜能和特长，推动社区组织的成立和发展，并为社区组织提供外部资源链接、能力建设培训等多个维度的支持；二是针对居民成立业主委员会的要求，将社会工作与物业管理相结合，促进物业公司与社区基层组织更为紧密的互动，推动社区业主委员会的建立。具体方案如下：

（一）社区楼门文化建设服务

1. 建立联系，为后期服务开展奠定基础

在辖区内开展居民喜闻乐见的社工兴趣小组服务，在活动中进行社工知识宣传，让社区工作人员及居民了解社会工作的内涵和服务意义；以社区文化建设为切入点，计划在街道内的社区开展文化建设服务，在活动中发掘社区内的居民骨干，为后期的志愿者队伍建设奠定基础。

2. 开展文化建设系列活动

针对社区内居民的共性需求，由志愿者组织插花、手工坊等文化建设活动。以活动为载体，拉近社区与居民之间的距离，让居民更加了解社区的职能及分工，提升居民的社区意识，并在活动中选出能够长期支持社区工作的积极分子和志愿者骨干。

3. 社区资源平台搭建服务

对社区内的人力、物力、财力、组织和文化资源以及社区居民的信息进行搜集、整合，并根据街道内老年人多的特点，营造敬老主题的楼门文化，在楼道内安置助老、便民的服务设施，打造舒适、便利的生活环境，开展多种形式的敬老服务。

4. 进行社区居民自组织的培育

依托社区“绿地认养”工作，以花卉为主题对楼道进行装饰，打造美丽的小区环境。在此过程中挖掘社区领袖，组建志愿者队伍，并对社区居民的自组织进行合理的政策引导，推动居民自组织的发展和功能完善。

（二）社区、物业互融增能计划

本板块将以社区工作者和物业公司从业人员为主要服务对象，为其开展物业知识分享、成立业主委员会流程、优秀社区的物业管理经验等不同主题的增能培训，并在小区开展物业知识及相关法律知识的宣传活动，提供沟通交流平台，并定期召开街道、社区、物业及居民代表多方联席会议，建立起定期汇报联动机制。通过一系列的具体举措，将社会工作与物业管理相结合，促进物业公司与社区基层组织更为紧密的互动，最终推动社区业主委员会的建立。主要服务方案如下：

1.《北京市物业管理条例》知识增能计划

围绕新的物业管理条例，邀请物业、业主委员会主要成员共同参与，集思广益，引导大家分享自己的见解与观点，并组织集中探讨。同时邀请物业方面的专家或律师进行实际案例讲解，激发物业管理人员和业主委员会成员的热情，并探讨公共空间安全整治、绿化保洁、维修维护等具体问题，为社区环境治理问题建言献策，实现常态化的居民自治格局。主要增能内容为：

（1）物业知识培训。在物业管理的转型升级过程中，需要充分发挥技术的引领作用，引导物业转变观念。物业人员除了为居民提供良好的服务体验外，还应当积极参与社区建设，扩展服务领域，丰富服务内容。因此在本计划中，我们将邀请物业方面的专家对社区工作者进行相关知识的培训，邀请物业管理人员共同参与，一起学习先进管理经验。

（2）实际案例经验分享。召集业委会负责人和物业管理人员，以提升物业人员的服务能力为介入点，召开案例分享会，一起学习其他优秀物业、业委会的做法和经验，在分享中提升物业人员和业委会成员的实践能力。

（3）业主委员会的成立流程培训。业主委员会的建立有助于实现小区业主的联合，形成共同意志，组织行动，实现业主诉求。因此在本计划中，将邀请有经验的专家指导街道和社区相关人员学习业主委员会的成立流程与注意事项。

2.“社区携手物业·建设美丽家园”宣传系列活动

在本计划中，社区与物业将共同开展以“社区携手物业·建设美丽家园”为主题的系列宣传活动。通过陈列展板、发放宣传资料、设立咨询台等方式，实现业主与物业的“零距离”接触。通过宣传活动的开展，让居民了解如何维护自己的权益，并明确自己需要履行的义务。

3. 搭建沟通桥梁，建立街道物业管理联席会

针对物业管理中存在的问题，由街道制定物业管理议事制度，每季度召开一次议事会。及时学习传达市区有关工作

精神、通报12345热线情况。搭建沟通桥梁，促进物业服务各个主体之间的沟通，使街道、物业服务企业、社区之间相互协调，共同商讨解决方案，有效化解社区与物业的矛盾。这既能督促物业切实履行社会责任，又能使社区了解物业的难题，最终建立起定期沟通的联动机制。

4. 组织参访交流，学习优秀物业管理经验

通过参访北京市内的优秀街道社区，学习交流社区物业管理的先进经验，学习其他社区业主委员会在社区中发挥的作用，激发社区工作者和物业管理人员对本社区需求的思考，不断拓宽自身工作思路，进而更好地推动社区物业服务的发展。

项目二　区街（乡/镇）两级社会组织孵化中心建设项目

一、背景介绍

1. 项目名称

区街（乡/镇）两级社会组织孵化中心建设项目

2. 服务对象

社区居民、志愿者、社区社会组织成员

3. 项目面向的社会需求

（1）社区社会组织发展能够推动社区服务转型升级。2020 年 12 月，民政部印发《培育发展社区社会组织专项行动方案（2021—2023 年）》，提出从 2021 年起，用 3 年时间开展培育发展社区社会组织专项行动。基于此，本项目将基于嵌入性理论，在街道内以“专业合作、特色项目、规范管理、居民受益”的运作模式搭建社会组织服务平台，使社会组织的服务能力得到提升，以满足居民需求的社区服务。

（2）社区社会组织的规范化和专业化水平亟待提升。现有的社区社会组织有两种，一是社区牵头组建的组织，二是居民自发组建的文体娱乐型组织。但在实际运作中，第一种组织非常依赖社区，居民也没有积极主动地参与到社区各项服务之中，社会组织缺少相应的专业技能和知识，内部管理制度也不完善；第二种组织是居民自发组成的，居民对于社区公共事务缺少主动性，虽有队长的管理，但多以自娱自乐为目标，居民参与意愿薄弱。

二、项目目标

1. 协助未备案的社区社会组织开展备案工作，通过建立和完善数据库，为社会组织的发展创建一个多元共享平台。

2. 根据不同类别、不同发展阶段，对组织进行分层归类，以此来提供专业服务支持，弥补社区的需求空缺，提升组织的服务质量。

3. 借助微创投，为项目提供小额资金的支持，推动社会组织的成长，激发组织活力，促进社区居民群众参与社区治理，进而实现可持续发展，减轻社区负担。

4. 挖掘优秀社区社会组织，组织专业社工和专家开展指导，建立街道级社区社会组织的管理机制、督导机制以及宣传机制，确保社区组织化、街道或社区活动有章可循。

三、项目内容

1. 发挥孵化培育职能，进行阶段性需求评估

评估服务对象的需求，基于此，制订需求访谈提纲，对社区社会组织骨干、居委会工作人员、社区志愿者这三类群体进行结构式和半结构式访谈，对访谈结果进行记录、整理、分析。通过访谈得到较全面的信息，接着对社区社会组织的阶段性需求进行评估，最后提出建设性建议和后期目标。

2. 持续完善社区社会组织数据库

通过前期的走访、访谈，对社区社会组织的发展现状及

需求进行整理和统计，结合街道社区服务需求目录及社会组织服务目录，持续完善社会组织的数据库。比如，协助未备案的社区社会组织进行备案工作。通过数据库的建立和持续完善为社会组织的发展创建一个多元共享平台。

3. 分层归类，持续提供专业服务

在本项目筛选出的社区社会组织是指组织内的主要角色由社区居民担任的，在社区内开展活动和服务以满足居民需求的社会组织。本项目将按照不同类别、不同发展阶段对社会组织进行分类，以多元化的服务方式来提供专业服务支持，本项目将按照不同的类别提供不同的服务支持，主要服务内容如下：

（1）新生社区社会组织培育支持计划。在社区党组织的支持下，由项目组协助有意愿、有条件的社区党员、居民骨干组建成立社区志愿服务组织，并协助其建章立制。对初创期社会组织，项目组将予以扶持、培育和指导。对有意愿参与孵化的社会组织开展专项服务，为其提供备案、培育等孵化支持。为新生组织的负责人提供服务。结合社区实际需求，协助组织成员开展社区服务，在一定程度上提升组织成员的组织能力和实践能力，逐步激发居民的自治意识。

（2）发展期的社区社会组织能力建设计划。在本板块中，对组织成员及骨干开展相关培训，针对共性知识需求，邀请高校教师、实务专家开展培训。培训的主要内容包括：志愿服务项目设计技巧、经典志愿服务案例剖析、本土实务经验分享等，结合社区实际工作，开展垃圾分类相关知识的培训。除此之外，我们将依托项目组“深耕”街道的优势，为处于发展期的社区社会组织提供建设服务，给予其专业的支持，为其提供更多的资源以及实践、培训机会，在一定程度上提升各个组织的凝聚力和实践操作能力。

（3）成熟期的社区社会组织资源平台搭建计划。很多社区社会组织缺少相应资源和资金的支持，因此，本计划将利用微创投为社区社会组织提供资源平台和相应的小额资金支持，调动社区社会组织参与社区事务的积极性。鼓励组织成员聚焦社区建设中的需求和问题，引导组织成员探索服务项目化运作的道路。主要包括筹备、评审、实施三个阶段。在实施阶段，培育组织在社区内的资源整合利用能力，引导组织成员发掘社区内的有效资源，并加以运用，进一步提升组织成员的实践能力和服务意识。

4. 挖掘优秀组织，构建相关机制

邀请社会组织骨干举办心得分享会，着重从制度建设、内部管理、有序参与等维度进行分享，对其他社区社会组织及居民起到参考、示范作用。此外，建立社会组织服务中心平台，并培养本街道内的社区组织，立足社区实际情况，在专业社工和专家的帮助下建立社区社会组织的管理机制、督导机制以及宣传机制，确保街道或社区活动有章可循。

项目三　社会工作助力社区社会组织培育孵化项目

一、背景介绍

1. 项目名称

社会工作助力社区社会组织培育孵化项目

2. 服务对象

社区社会组织成员、居民骨干

3. 项目面向的社会需求

(1) 社区治理工作离不开居民的参与。社区居民的归属感越强，参与社区公共事务的意愿就越高，居民参与水平的提升也有助于社区治理工作的开展。而社会组织是居民参与社区公共事务最直接的平台，本项目通过各种社会组织将居民联系起来，围绕社会组织开展各种满足社区需要的活动，进一步提高居民的归属感和责任感，提升社区居民参与社区事务的积极性；同时通过协商类组织协调社区居民意见，整合治理成果，为社区治理提供良好的发展建议。

（2）目前社区社会组织的规范化和专业化水平亟待提升。目前各街道、社区已经拥有了大量的社区社会组织，服务范围涵盖了文体活动、便民服务、慈善公益、社区事务、志愿服务等众多领域。但由于自身的实力限制，社区社会组织一直得不到规范化和专业化的培育，致使其发展缓慢、管理松散、欠缺专业性。专业性和组织能力的提升需要外部力量的帮助。

二、项目目标

1. 通过开展专业能力培训活动，提升骨干成员管理组织和孵化新社区组织的能力。

2. 开展优秀社区社会组织参访活动，让骨干成员学习先进的管理经验和运作模式，为其工作提供一定的思路和支持。

3. 为社区领袖、社区社会组织制订增能计划，助力其完善活动机制和活动制度，提升社区社会组织的发展能力。

4. 开展公益创投活动，锻炼各社区社会组织策划、完成项目的能力，同时满足社区居民多方面的需求。

三、 项目内容

（一）街道社区社会组织联合会激活计划

1. 街道社区社会组织联合会骨干训练营

筹办联合会骨干训练营，训练营面向骨干成员，运用小组培育的方法，训练他们孵化社区社会组织、整合社区资源、解决社区问题的能力。

2. 街道联合会介入社区社会组织培育

社工联合街道社会组织联合会和街道孵化（服务）中心一同前往社区进行摸排工作，深入了解社区社会组织的现状，同时学习专业的社会工作和方法，共同组织面向居民的培训活动、孵化活动。

街道联合会骨干同专业社工共同落实社区社会组织孵化项目，深入社区进行调研活动，掌握社区社会组织的第一手资料；协助社工开展培训活动，把握社区带头人、社区组织的需求特点；通过与社工共同开展组织培育活动，跟踪社区社会组织的成长历程，总结其在不同时期的特殊需求，并在实践与观摩中摸索出适合本街道的专业孵化流程和方法，丰富实践经验，更好地发挥街道社会组织联合会和街道孵化（服务）中心的作用。

3. 制订街道联合会孵化组织流程

立足社区实际情况，在专业社工和专家的帮助下制订社区组织孵化的标准流程、社区联合活动的规则、重大事项报备流程等相关制度，确保社区组织孵化有章可循。另外，在社区组织内部，帮助社区组织制订各类制度，包括活动制度等，确保社区组织成立有据可依，社区活动有条不紊。

（二）社区社会组织孵化计划

1. 社区社会组织需求调研活动

组织社工与联合会或孵化（服务）中心骨干共同前往社区进行调研，并面向社区社会组织负责人、居民骨干、社区工作者征集项目，了解目前社区组织在成立和发展中遇到的切实困难，为接下来的培训活动确立方向。

2. 社区带头人、社区社会组织增能计划

（1）开展社区带头人、社区社会组织增能计划。通过系列培训活动，在社区领袖定义及作用、个人能力如领导、管理、演讲等，社区社会组织的作用、成立、发展等方面为社区带头人和社区社会组织队伍骨干进行培训。一方面，帮助社区带头人提升能力，帮助其更好地召集队伍；另一方面，帮助社区社会组织骨干更好地建设社区队伍，助力社区队伍完善活动机制和活动制度，为社区社会组织的成立和发展提供相关专业能力。

（2）组织参访交流，学习优秀社区社会组织。通过参访优秀街道枢纽平台，学习交流社区社会组织的运营经验，进一步提升组织成员在策划、设计、实施及运营管理等方面的能力，激发社区带头人和社区社会组织骨干对于本社区需求的思考，不断开阔自身的思路，进而更好地推动社区社会组织的培育工作。

（三）社区组织孵化及提升活动（公益创投）

利用公益创投，锻炼社区带头人的实践能力，提升社区社会组织的运作和服务能力，以社区需求为引导，以创投项目为依托，以成立和发展社区社会组织为目标，完成此次创投项目。

主要流程如下：

筹备阶段，社工和联合会或孵化（服务）中心骨干负责明确公益创投项目的资助领域和评审规则，共同辅导社区居民带头人撰写公益创投申请书，同时召开公益创投项目的说明会和培训会，明确服务方向，厘清项目目的，形成若干完善的、符合社区实际需求的申请书。

评审阶段，由街道、联合会、社工、专家召开评审会议，由项目提案人进行项目答辩，按照项目需求和实际作用批复金额。

实施阶段，由社工和联合会或孵化（服务）中心骨干进行跟踪辅导，协助社区带头人或社区社会组织围绕项目书，开展实践活动，满足社区需求，提升组织能力。

总结阶段，成果表彰，形成优秀项目库和经验手册。

（四）项目成果展示及项目总结

完成整理《优秀项目库》，制作公益创投宣传手册，总结项目实施经验，对项目总结进行反思，形成自评估报告。

项目四　社会组织体系建设项目

一、背景介绍

1. 项目名称

社会组织体系建设项目

2. 服务对象

社区居民、社区志愿者、社区社会组织成员

3. 项目面向的社会需求

建立街道级社会组织服务平台，有助于逐步形成结构优化、功能完善、自律规范、作用明显的社区社会组织发展体系。部分街道已经拥有了大量的社区社会组织，服务范围涵盖了文体活动、便民服务、慈善公益、社区事务、志愿服务等众多领域。但由于自身的实力限制，社区社会组织一直得不到规范化和专业化的培育，致使其发展缓慢、管理松散、专业性欠缺，要提升其专业性和组织能力，就需要外部力量的帮助。根据《北京市2015—2020民政公共服务基础设施建设规划》的要求，2020年年底之前，全市各街（乡、镇）均应建立社会组织服务中心。基于此，本项目将基于嵌入性理论，在街道范围内以“专业合作、特色项目、规范管理、居民受益”的运作模式搭建社会组织服务平台，提升社会组织服务能力，更好地满足居民需求。

二、项目目标

1. 为街道编制服务需求和服务项目目录，为社会组织的发展创建一个多元共享平台。实现需求与供给的有效匹配和对接。

2. 培育本土的社区社会组织，拓宽公共服务供给渠道，弥补社区社会组织在不同方面的需求空缺，提升其服务质量。

3. 引入外部资源，提升地区组织能力，推动地区社会组织成长，提升它们的社区服务参与度。

4. 建立评估机制，规范社区社会组织管理，为社区社会组织注入新生力量，激发组织活力，促进社区居民群众参与社区治理，进而实现可持续发展，为社区减轻负担。

5. 为社区社会组织成员开展系列能力建设培训，由项目组供给专业资源，实现志愿服务模式创新，以更好地满足社区居民服务需求。

三、项目内容

（一）建立街道级社会组织服务平台

1. 建立服务平台前期

（1）需求调研

执行团队将制订调查问卷和访谈提纲，对社区社会组织骨干成员、居委会的主要负责人员、社区居民进行问卷调研和结构式、半结构式访谈。邀请实务专家对调研数据及访谈结果进行分析，将数据反馈至街道相关负责人，为街道制订方案提供数据和依据。

（2）编制服务需求和服务项目目录

我们将通过前期的调研访谈，对社会组织的发展现状及培育需求进行统计，并在统计结果的基础上对其进行分析，最终形成数据调研报告。依据访谈和调研报告，协助各个街道搭建社会组织数据库，为社会组织的发展创建一个多元共享平台。此外，依据报告数据，整理出街道社区服务需求目录以及社区社会组织服务目录，实现需求与供给的有效匹配和对接。

2. 建立服务平台中期——社区社会组织孵化培育服务

在本模块中，我们将以两种方式提供社会组织孵化培育服务：一是依托社区原有的资源和基础，为已有的社区社会组织提供专家咨询、发展建议、技术及资源支持；二是开展孵化培育工作，发掘社区能人，组建相应队伍，制订相关制度，培育社区社会组织带头人。

（1）培育孵化本土的社区社会组织。在明确了社区社会组织和居民需求的基础上，项目组将结合街道和社区现有的资源，以“社工+社区社会组织成员”的形式开展社区实践服务，指导不同类型的社会组织开展垃圾分类、兴趣培养、楼门文化建设等社区服务，满足居民的需求，促进社会组织参与社区治理，提升社区居民参与社区服务的能力，最终实现居民自治的目的。

（2）引入外部专业资源进行能力建设。依托项目组“深耕”街道之优势，引进街道社会组织孵化培育中心、社会组织联合会的优势资源，同时引进优质讲师、专业社工、项目渠道、宣传途径、服务机会等资源支持微组织发展。以一种外部嵌入的培育形式，为街道内的社区社会组织提供外部资源支持，比如，为其提供专业师资、公益咨询平台等服务资源，以便其提高组织成员服务社区的能力。

3. 建立服务平台后期——建立评估机制

协助街道建立起以成果为导向的评估机制，对辖区内的社区社会组织进行测试，从而评估其能力的提升程度。通过建立评估机制，及时了解居民对服务的接受程度，并且通过评估，进一步吸纳社区居民的建议和要求，从而能够从居民需求出发，改善社区社会组织服务的内容和质量。

（二）专业人才能力提升

在本计划中，我们将依托街道级社会组织服务中心的平台，为社区社会组织成员提供一系列能力建设服务。通过分层分类培训、“优势特长”转化志愿服务等方式，培养社区骨干型、领军型志愿服务人才。主要服务内容如下：

1. 新生社会组织培育支持计划

在社区党组织的支持下，由项目组负责将有意愿的社区党员、居民骨干组建成为社区志愿服务组织，并协助他们建章立制。对初创期社会组织，项目组将予以扶持和指导。同时开展专项服务，支持新生社会组织的孵化。

2. 社会组织成员训练营

开展社会组织成员训练营，训练营面向组织成员以及有意愿参加志愿服务的社区居民，运用小组培育的方法，训练他们孵化社区社会组织、整合社区资源、解决社区问题的能力。主要培训内容包括：动员居民参与社区治理的方法、议事协商的技术等。用优势视角发掘社区带头人的潜能和特长，推动社区组织的成立和发展。

3. 开展社区带头人、社区组织增能计划

以培训班为形式，邀请高校教师、实务专家为社会组织骨干力量进行能力建设。主要内容包括：志愿服务项目设计技巧、经典志愿服务案例剖析、本土实务经验分享等。此外，我们也将结合社区实际工作，开展垃圾分类相关知识的培训。

4. 志愿服务领军型人才辅导

相较于普通社区居民，领军型人才具有更强烈的责任意识、更丰富的社会资源、更出色的践行能力，有行动示范（为其他居民示范）和组织动员（动员“新鲜血液”）的能力。在本模块中，我们会结合“地区推荐”与“重点观察”的意见，遴选社区志愿服务领军型人才，让其在专家的辅导下进行学习。

5. 组织参访优秀社会组织

通过参访，学习社会组织运营经验，进一步提升组织成员在策划、设计、实施及运营管理等方面的经验，激发社区带头人和社区社会组织骨干对于本社区需求的思考，不断开阔自身的思路，进而更好地开展社会组织工作。

（三）社会组织项目管理咨询

1. 分类咨询

（1）答疑会。由项目组开展“一对一”的咨询服务，解答社会组织成员遇到的问题，并由项目组定期反馈咨询效果，如有必要则提供跟踪式支持。

（2）实务能力提升。由项目组组织专家为社区社会组织提供个性化指导，举办实务技能工作坊，为其提供实务心得分享、专业技能示范，服务场景模拟及指导等服务。

2. 心得分享会

由项目组组织社会组织骨干、实务专家进行心得分享，侧重制度建设、内部管理、有序参与等维度的内容，从而对其他社区社会组织及社区居民起到参考、示范作用。

（四）平台成果总结

项目组立足本社区实际情况，在专业社工和专家的帮助下制订孵化社区组织的标准、社区联合活动的规则、重大事项报备流程等相关制度，确保社区组织孵化、街道或社区活动有章可循；另外，帮助制订社区组织队伍制度规范，确保社区组织的成立有据可依，社区活动的开展有条不紊。

项目五　“幸福同心圆”——社区社会组织建设项目

一、背景介绍

1. 项目名称

“幸福同心圆”——社区社会组织建设项目

2. 服务对象

社区居民、社区志愿者

3. 项目面向的社会需求

社区治理工作离不开居民的参与。社区居民的归属感越强，参与社区公共事务的意愿就越高，居民参与水平的提升有助于社区治理工作的开展。社会组织是居民参与社区公共事务最直接的平台，社会组织能将居民联系起来，开展各种满足社区需要的活动，能进一步提高居民的归属感和责任感，提升社区居民参与社区事务的积极性。同时，居民议事协商类组织能协调社区居民意见，整合治理成果，为社区治理提供良好的建议。

该项目计划在社区党组织的领导下，以社区党员及骨干志愿者为参与主体，由专业社会组织支持，将社区党建及社区发展有机结合，以“自主服务”为主旨，进行人力资源整合，协助建立社区志愿服务组织，并对成立的队伍开展“服务专业化”培训，为组织未来的发展奠定基础。

二、项目目标

1. 发放宣传页，让社区居民了解项目的目的和意义，为后期的问卷调研及访谈奠定基础。

2. 建立起社区志愿者数据库，了解社区党员和志愿者的特长及可参加志愿服务的时间，方便后期管理。

3. 组织为老、安全、文体等主题的志愿者团队，同时制订志愿者团队管理制度，以便团队的规范化发展。

4. 通过开展相关培训，让组织成员了解社区参与的重要意义，同时发挥党员的带头作用，引导更多居民参与。

5. 组织志愿者骨干到优秀社区社会组织参访学习，搭建起沟通协商议事平台，构建起多元参与、多方受益的社会生活共同体。

三、项目内容

1. 项目筹备阶段

（1）需求调研。社工通过走访、调研，了解社区党员、志愿者的特长、对社区发展的期望、参与社区服务的意愿，梳理社区资源，形成调研报告。在此基础上，设定项目具体实施方案。

（2）开展项目宣传工作。在调研中，发放项目宣传资料，增加社区居民对项目的知晓度。在此过程中，充分调动社区居民的参与意识，重视社区居民对项目的疑点，有计划、有步骤地分类解答。

2. 项目实施阶段

（1）发掘社区参与骨干。筛选有意愿参与社区志愿服务的相关人员，并充分发挥党员的引领作用，将这些人员组织起来，建立社区志愿者数据库，推动社区志愿服务组织的建立和发展。

（2）明确志愿组织的服务目标和定位。根据骨干成员的需求及特长组建志愿服务组织，并组织大家共同讨论相关制度及服务目标，从而确定团队名称，制订团队规范，设定团队目标，为组织的发展奠定基础，使自组织逐步走向正规化。

（3）开展相关培训。链接高校专业资源，为组织成员开展“服务专业化”培训，培训主题包括：“参与社区治理技能培训”“‘开放式空间’讨论会指导”“自治组织队伍建设及成员管理”等。通过专业培训，提升组织成员的归属感和责任感。

（4）参访优秀社会组织。通过参访，学习先进运营经验，进一步提升组织能力，激发社区带头人和骨干成员的思考，不断扩宽工作思路，进而更好地推动组织的培育工作。

（5）成果展示。邀请优秀的组织成员举办服务心得分享会，分享他们参与社区治理的经验及感受，由项目组为他们发放荣誉证书，进行表彰。

第二节　社区议事协商项目设计

项目一　“民意代表团”建设——老旧小区居民参与社区环境治理服务项目

一、背景介绍

1. 项目名称

“民意代表团”建设——老旧小区居民参与社区环境治理服务项目

2. 服务对象

社区居民、社区志愿者

3. 项目面向的社会需求

党的十九大报告强调加强社会治理体系建设，实现政府治理和社会调节、居民自治的良性互动。然而FT区大部分老旧小区没有形成协商解决内部问题的机制。

当前老旧小区存在楼道堆物、乱丢垃圾等环境问题，且居民自治意识不强，大多数居民停留在“知晓、出席和表达”的低层次参与水平，依赖政府和居委会的动员、策划和组织，难以自发、主动地参与社区公共事务，未能形成主动参与的意识理念，也未能建立居民自治的体制机制，难以上升到“决策和自我管理”的高层次参与阶段。

二、 项目目标

1. 通过成立民意代表团，培育一批热心社区事务的社区民意代表及社区居民骨干。

2. 举办公开课和专家讲座，使居民了解小组工作方法以及社区工作方法，探索民意代表团参与社区治理的新路径。

3. 为居民搭建沟通议事平台，构建起多元参与、多方受益的社会生活共同体。

4. 通过项目的实施，探索并制订社区管理机制，从而提升其自治能力。

三、 项目内容

（一）与社区进行对接及志愿者招募

与社区党组织、工作者进行沟通对接，了解社区党支部、党小组及党员的情况，梳理社区情况，了解社区议题，沟通有关成立民意代表团的事宜，精准把握社区实际需求。通过对接，了解社区志愿者情况，招募参与项目的志愿者。

（二）挖掘和培养民意代表团骨干

1. 成立民意代表团

在党委支持下，搭建民意代表团参与社区治理的平台，发挥社区党员的带动和感召作用，推选党员、居民骨干，组成民意代表团，并邀请专业老师对民意代表团进行引导，组织代表团开会讨论，推选出代表团负责人。

2. 使用专业的工作方法提升民意代表团的能力

（1）小组工作方法。对居民执行小组、居民行动小组以及相关的民意代表团进行团队建设，增强他们的情感交流，改进他们的工作方法，提高他们的工作效率。在社区党组织的支持下，逐渐培育居民自我解决问题的意识和能力。

（2）社区工作方法。协调事务所、居委会、街道、社区居民及居民小组等多方关系，为社区参与行动的开展提供便利。

（3）咨询督导。以公开课或者专家咨询的形式为居民小组提供准确、专业、可靠的智力支持，在议事和执行过程中提供随时督导。

（三）民意代表团示范行动计划

1. 建立社区协商共治机制，积极探索在基层党建和基层民主建设领域的创新工作方法。围绕目前议题，组织开放空间会议，集思广益，引导服务对象分享自己的见解与观点，带领广大党员、代表团成员设计促进居民参与社区自治的活动，激发和鼓励居民探讨社区公众议题，为社区环境治理建言献策，实现常态化的居民自治格局。

2. 在老旧小区实施“蜕旧焕新”项目，征集“蜕旧焕新”提案。

3. 组织民意代表团前往优秀社区参观，了解优秀社区组织的发展情况。通过参观学习，完善自身社区的规章制度、管理制度，最终使本社区居民自治组织充分发挥自我管理、自我教育、自我服务、自我监督的功能。

4. 梳理政府、人大代表和政协委员等民意表达渠道，充分整合和链接各类资源，解决老旧小区的疑难问题，并探索建立社区治理的长效机制。

（四）加强对民意代表团的成员培训

为了让民意代表团能更好地参与社区决策，我们将开展社区议事方法培训，进一步提升社区居民的议事水平，增强社区议事代表的协商意识，提高协商、议事、决策的能力。

（五）总结评估阶段

在项目结束时，组织座谈会，召开项目分享会，让参与者分享工作经验和心得。制作老旧小区民意代表团成果展示手册。通过项目的不断深入，最终达到人人参与社区治理、社区骨干得到专业支持、社区环境不断改善的效果。

项目二 “助力和谐”——老旧社区矛盾消解社会工作服务项目

一、背景介绍

1. 项目名称

“助力和谐”——老旧社区矛盾消解社会工作服务项目

2. 服务对象

老旧社区居民

3. 项目面向的社会需求

一些老旧社区矛盾数量不断攀升，导致这种现象的主要原因在于，这些老旧社区在建设初期采取了高密度的建设方式，忽视了居住品质，导致公共环境空间不足。此外因管理不善，社区内多有私搭乱建的现象，私自侵占部分公共环境空间。传统矛盾调节机制逐渐失效，亟须新的力量在社区矛盾消解中发挥独特的作用。

二、 项目目标

1. 召开小组会议，为重点居民建立服务档案，及时、准确地了解老旧小区内部矛盾的类型、起因、动机及牵涉主体，为提高矛盾处理效率、创新矛盾化解方式提供依据。

2. 举办普法剧演出、法律宣传活动，提升老旧小区居民的法律意识，使矛盾从源头上得到消解。

3. 提供法律咨询服务，建立矛盾化解沟通协调平台，让矛盾双方能够充分、有效地表达自己的意愿和诉求，从而快速化解矛盾。

4. 建设社区矛盾预警指标，从五个维度进行调研和测量，为建立矛盾化解机制提供参考。

5. 提供矛盾化解服务，提升矛盾化解效率，增强矛盾双方的自身能力和抗逆力，减轻社会管理压力。

6. 对社区带头人开展调解能力培训，增强老旧小区居民自身化解矛盾的能力，确保在专业社会工作机构退出后，社会矛盾化解服务仍能被延续下来。

三、项目内容

1. 社区矛盾排查、预警服务

（1）小组会议。确定落地社区后，由社工充当小组会议的主持人，设计一些结构化的问题，同时与社区负责人对接，在社区内召开小组座谈会，掌握矛盾源头、纠纷类型、过往案例等信息，从而了解服务需求和服务对象的情况。

（2）建立重点对象服务档案。为矛盾涉及对象建立服务档案，并派驻社工定期入户探访，实时跟进和更新相关信息，为提高老旧小区矛盾处理效率、创新社会矛盾化解方式提供依据。

2. 普法剧演出、法律宣传服务

组织居民排练宣传法律知识的话剧，并进行公开演出。开展法律法规宣传活动，提升老旧小区居民的法律意识，使矛盾从源头上得到消解。

3. 法律咨询服务

依托街道内已有的社区法律咨询室、纠纷调解室、情绪疏导室等资源，构建完整的矛盾排查、矛盾预警、矛盾预防、矛盾处理平台，快速化解矛盾。

4. 社区矛盾预警

对社区居民类型、社区环境、社区安全、居民参与社区活动的程度、社区公共资源分配情况进行调研和测量，结合社区矛盾调查结果及调解案例，设计基层社会矛盾风险指标，为建立矛盾化解机制提供参考。

5. 开展矛盾化解服务

对街道内的社区重点人员提供矛盾化解、心理帮扶、行为矫正、人际沟通训练、压力缓解等专业服务，提升矛盾化解效率，增强此类人员的自身能力和抗逆力，减少社会管理压力。

6. 社区带头人调解能力培训

发现社区带头人，并为社区带头人建立个人档案，为他们提供提升调解能力的培训。在适当条件下，以他们为中心，成立调解矛盾的“自组织”，增强老旧小区居民自身的矛盾化解能力。

第三节　垃圾分类社区动员项目设计

项目一　FT 区“益+”人——社区垃圾分类倡导计划

一、背景介绍

1. 项目名称

FT 区“益+”人——社区垃圾分类倡导计划

2. 服务对象

社区居民、社区志愿者、社区青少年

3. 项目面向的社会需求

（1）社区作为城市居民的基本生活单元，也是生态环境治理的重要出发点。

（2）社区居民垃圾分类的行动力亟待提升。目前 FT 区的很多社区都设置了垃圾分类回收桶，但真正做到每日垃圾分类的居民较少。本机构在某社区开展了垃圾分类调查，结果显示，15.39%的居民能做到偶尔分类，只有 10.25%的居民可以做到每天分类。由此可见，居民的垃圾分类行动力有待提高。

二、项目目标

1. 发挥居民主体的作用，激发居民的志愿服务热情。

2. 开展志愿者培力计划，巩固志愿者的垃圾分类意识，敦促志愿者以实际行动践行垃圾分类。

3. 通过动员社区居民的参与，引导居民认识到垃圾分类工作的作用和意义，使他们能够积极地参与到社区环境的建设中来。

4. 以家庭为单位，开展家庭环保活动，引导家庭成员共同参与。

5. 组织志愿者和分拣员合作示范垃圾分类投放的正确方法，通过潜移默化的影响，带动其他社区居民的加入。

6. 开展社区环保示范家庭评选活动，发挥社区榜样力量，带动更多的居民参与到社区垃圾分类的工作当中。

7. 创作以垃圾分类为主题的话剧，通过寓教于乐的形式，让居民在观看话剧的同时提升自身垃圾分类意识。

8. 参访优秀社会组织，学习先进经验。

三、项目内容

1.“益友义智”——志愿者环保意识培力计划

招募垃圾分类志愿引导员，举办开放会议，组织志愿者共同讨论，对志愿者的建议和方法进行分类和总结，逐条梳理，形成志愿者行动公约，签名公示，并组建执行小组。

2.“益友义趣”——社区居民环保意识养成计划

垃圾分类工作存在宣传力度不够、居民责任意识不清晰、居民缺少垃圾分类习惯等问题。因此，本计划主要以志愿者为实施主体，参照居民公约以及志愿者行动公约，引导志愿者积极参与垃圾分类宣传活动。组织志愿者向社区居民发放宣传布袋及宣传材料，由志愿者引导居民进行正确的垃圾分类投放。通过每月一次的宣传活动，提高居民的环保意识，增加社区居民对生活垃圾分类工作的认同度和参与度。

3.“益友义启”——社区家庭参与计划

动员社区家长和孩子共同参与，我们将定期向家庭成员讲解垃圾分类的正确投放知识，开展“环保知识宣传”“社区大扫除”“如何正确分类”等环保活动，通过“小手拉大手”的亲子活动形式，带动一个家庭，影响一个社区，从而让大家树立起“垃圾减量、垃圾分类，从我做起，从每个家庭做起”的环保意识。

4. “益友义悦”——志愿者陪伴成长计划

以社区居民的需求为出发点，依托“1+X”模式（即一位专业人员+多位志愿者），由专业人员陪伴志愿者进行守桶服务。在服务现场，专业人员将示范正确的垃圾分类方法，与未分类的居民进行沟通交流，增强志愿者的专业性以及服务意识。在此期间，引导志愿者树立起“社区属于居民”的理念，让他们动员社区居民来参与社区问题的治理，带动社区居民参与志愿服务的热情。实行打卡制，对志愿者的服务时长进行登记，为后期探索奖励机制奠定基础。

5. “益友义激励”——社区环保示范家庭评选计划

垃圾分类是一项长期而艰巨的社会系统工程。它不仅需要不断完善顶层设计，加强科学管理，形成长效机制，更需要全社会的积极参与和密切配合。社区是垃圾分类工作的地基，要做好垃圾分类工作就需要动员、激励全体社区居民共同响应，为垃圾分类工作发挥自身能量。这就要以点带面，发挥社区榜样力量。本计划将开展社区环保家庭评选活动，由垃圾分类引导员在日常服务中发掘表现突出的居民，并向社区推荐，最终评选出环保示范家庭，发放荣誉证书。

6. “益友义行”——垃圾分类文化营造计划

垃圾分类是当下 FT 区各街道、各社区力推的重点工作，其宣传需要新点子。此次垃圾分类文化营造计划将招募垃圾分类引导员、社区居民、社区志愿者等有意愿者共同参与，组织居民自编、自导、自演以垃圾分类为主题的话剧，在社区营造独特的垃圾分类文化氛围。并以社区垃圾分类话剧为载体，寓教于乐，将更多的垃圾分类小知识穿插其中。

7.“益友义学”——参访优秀社会组织计划

在本计划中，我们将组织社区垃圾分类志愿者参访示范社区，学习先进经验，进一步提升本社区志愿服务组织的管理能力，激发社区志愿者对本社区垃圾分类服务的思考，不断拓宽工作的思路，进而更好地开展工作。

8.“益友义策”——社区居民回访计划

通过培训、参访等活动的开展，我们将联合志愿者对社区居民进行回访，以重点入户、电话联系、微信推送、桶前询问等方式进行回访，了解居民参与垃圾分类的情况，听取他们对垃圾分类的建议，之后，对回访的数据及建议进行梳理，最终形成报告。

第四节　老旧小区居民自治项目设计

项目一　“旧貌新含”——老旧小区居民自我管理能力提升项目

一、背景介绍

1. 项目名称

“旧貌新含”——老旧小区居民自我管理能力提升项目

2. 服务对象

老旧小区社区居民

3. 项目面向的社会需求

（1）老旧小区数量大，居民自我管理意识薄弱。通过开展前期调查，以及搜集社区反馈，统计出机构附近的老旧小区 286 个。由于管理模式和运作机制的落后，大多数老旧小区的配套设施不齐全、基础设施薄弱，存在诸多安全隐患。2014 年北京市人民政府印发了《北京市老旧小区综合整治工作实施意见的通知》①，提出要着力解决老旧小区建设标准不高、设施设备陈旧、功能配套不全、日常管理制度不健全等问题。随着整治工作的逐步完成，老旧小区的硬件设施得到提升，但由于缺乏有效的管理机制、部分社区居民自我管理及社区参与意识缺乏，因此出现私自占用绿地、搭建违法建筑等现象。

（2）提升居民的自我管理意识有助于解决老旧小区的管理难题。党的十八大报告提出应“在城乡社区管理、基层公共事务和公益事业中实行群众自我管理、自我服务、自我教育、自我监督”。本项目将组织社会工作者积极介入，同时引进专家力量和专业服务，培育社区社会组织和居民行动小组，引导居民关心并参与社区公共事务，从而发挥居民在自我管理、自我教育、自我服务、自我监督等方面的作用。

二、项目目标

1. 培养社区居民对社区的归属感、认同感。

2. 提高小区居民的公共安全和家庭安全意识。

3. 增加社区居民彼此之间的信任。

---

① http：//www. beijing. gov. cn/zhengce/zfwj/zfwj/szfwj/201905/t20190523_72558. html

4. 孵化和培育社区社会组织，如“社区建设居民小组”。

5. 以社区社会组织为平台，从居民最关心的共同问题入手，如养犬管理、绿地保护、为老服务、治安巡逻、文明劝导等，带动更多的居民参与社区服务。

6. 通过能力建设培训与咨询，解决居民参与和社会组织运作过程中存在的难题。

三、 项目内容

1. 公共安全与家庭安全培训

老旧小区的居民最关注与自身相关的社区问题。居住安全是居民最基本的需求，该项目首先以居民最为关注的“治安”问题为切入点，邀请老师为居民开设紧急救护、高楼逃生、灭火设备使用、地震避险、户外安全培训，普及安全技能，通过体验式的学习方式帮助居民更好地掌握安全知识。提升居民的安全感，打破居民之间的陌生感和疏离感，为项目的开展打下良好的基础。

2. 社区社会组织培育沙龙

老旧小区内不乏志愿服务意识强的居民，但由于资源限制、社会参与平台建设不完善等因素，这些居民多是自发行动。本项目将通过“人与环境互动”的方法，发掘整合社区资源，邀请专家为社区居民授课，并以居民需求为导向、以培育发展为重点，结合社区的类型和特点，开展培育社区社会组织的相关服务。

3.“我能为社区做什么?”系列活动

本项目将首先利用参与式方法召开社区居民会议，集思广益，从社区最迫切需要解决的公共问题、居民最关心的共同问题入手，发挥社区社会组织的带动和感召作用，引导社区居民为社区的建设出谋划策，形成“社区行动小组”。其次动员社区资源，召开居民代表讨论会，形成具体的社区居民参与方案。再次，召开全体居民会议，在会上讨论方案、招募志愿者，建立真正的社区居民行动小组。最后，由居民行动小组开展实际行动，参与社区具体事务，为社区建设贡献自己的力量。

4. 社区组织发展咨询系列活动

针对社区社会组织面临的困难，项目组将发挥专业优势，为社区建设居民小组、居民执行小组、社区居民行动小组，以及其他社区社会组织，开展评估、组织发展诊断、管理咨询、能力培训、项目设计、项目申请等相关活动，从社会工作的角度协助社区社会组织进行制度建设，提升社会组织的能力。

5.“旧貌新含”——社区故事活动征集

组织社区居民回忆、讲述、分享社区的历史及社区的“新”故事。前期帮助居民建立良好的邻里关系，形成居民共识；后期提升居民的社区参与意识，前后关联、相互促进，从而最终实现居民幸福感的提升。

项目二 “旧区焕新”——老旧小区居民自治助力社区治理项目

一、背景介绍

1. 项目名称

“旧区焕新”——老旧小区居民自治助力社区治理项目

2. 服务对象

社区居民骨干

3. 项目面向的社会需求

（1）老旧小区治理问题众多，缺乏有效的治理手段。老旧小区的居民自治意识不强、参与社区治理程度不高。大多数居民的参与停留在“知晓、出席和表达”的水平，难以上升到“决策和自我管理”的水平。老旧小区硬件设施陈旧、公共资源紧张，不利于社区治理工作的开展。老旧小区的社区治理缺少与政府、企业和社会组织等外部机构的协作。

（2）提升居民的自我管理意识有助于解决城市老旧小区管理难题。2021年，北京市人民政府印发了《北京市老旧小区综合整治工作实施意见的通知》①，经过多年的整治，老旧小区的硬件设施有所提升，但是由于缺乏有效的管理机制，老旧小区居民的自我管理意识仍然相对薄弱。要破解老旧小区面临的困境，依靠单一的行政干预手段无法取得预期的效果，唯有依靠居民的自我管理和社区参与才可以破解。

二、项目目标

1. 通过项目的开展，提升社区居民参与社区事务的热情，扩大他们的参与范围。

2. 通过项目的开展，动员社区居民探索适合本社区的治理体系。

3. 定期召开议事协商会议，初步形成议事协商制度，为解决老旧小区的问题奠定基础。

---

① http：//www. beijing. gov. cn/zhengce/zfwj/zfwj/szfwj/201905/t20190523_72558. html

4. 开展达人评比活动，激励、动员更多的社区居民参与到社区公共事务当中，为老旧小区的治理贡献力量。

三、 项目内容

1. “发掘骨干、技能输入”环节

要建立社区治理体系、解决老旧小区的问题，离不开居民骨干力量的支持。为此，我们将组织社工与项目落地社区进行积极沟通，请社区在优秀党员、居民代表、楼门长、社区组织负责人当中推荐骨干成员。

邀请政府官员、专家学者开展社区骨干系列培训，培训主题包括：

（1）治理老旧小区相关政策宣讲。

（2）居民参与社区治理技能培训。

（3）优秀志愿者的服务经验分享。

（4）老旧小区居民骨干团队建设。

上述培训既能更新居民骨干的助人技巧和治理能力，也能在社工和居民骨干之间建立亲密联系，为后续“焕新提案”的开展奠定基础。

2. “多方议事、凝聚共识”环节

发布“焕新提案”的选题范围，由社区居委会牵头，由居民骨干实施，邀请涉及公共问题的利益相关方（街道干部、居委会、物业、楼长、涉事居民等），召开开放空间会议，社区开放空间是一种把利益相关方带到公共空间内，由参会者自行开展讨论的动态的会议模式。以开放空间的形式，邀请利益相关方（街道领导、居委会、物业、楼长、社区居民等）共同参与，让他们面对面地交流自己的想法、面临的问题和需求以及期待解决的方案，列举最迫切需要解决的社区公共议题，形成提案。通过倾听和沟通，促进理解、达成共识，选举行动小组成员，共同制订可实践的目标和实施方案。通过居民参与开放空间，可以培养社区居民的参与式治理习惯与社区主人翁意识。

“焕新提案”选题范围包括：

（1）公共空间安全治理。建立安全治理自管会，协助街道安全办、派出所和居委会，采用民主议事、集体表决和集体行动的流程，重点清理公共通道、楼梯、安全出口的堆物、堆料。

（2）停车管理。建立停车管理自管会，划定停车位，增加停放空间，劝导文明停车，建立老旧小区与辖区单位错时停车制度。

（3）绿化保洁。建立绿化保洁自管会，鼓励小区居民主动参与社区环境整治，自觉清理卫生死角，自愿认领公共空间和公共绿地。

（4）维修维护。建立和强化维修志愿服务队，增加维修经费，探索小区困难群体维修资金的补贴机制和分摊机制。

（5）居民矛盾调解。由居民骨干牵头，与相关政府部门、企业、居委会建立联系，形成矛盾调解委员会；引入律师志愿者等力量，提供专业技术支持；探索形成多方互动、联席议事的长效调解机制。

（6）社区文化传承。运用口述历史的方法，搜集居民的照片、个人经历、家庭发展史，让老旧小区居民讲述自己与社区的故事，组织相关材料，形成媒体报道和宣传手册，并对外展示。

（7）老旧小区居民提出的其他迫切问题。

3.“链接资源、推进行动”环节

由行动小组动员社区居民共同解决已发现的社区问题，由项目组联系公益微创投，提供“焕新提案”的资金支持，由项目组的社工负责链接专业技术资源、资金资源、志愿服务资源，并进行指导、搜集反馈。最终，解决老旧小区面临的公共问题，提升社区居民自治能力。

4.“组织培育、落实方案”环节

培育社区自组织，在社区建立“社区自组织议事会”，召开社区自组织相互座谈，交流社区经验，形成“老旧小区自管联合会”，群策群力，寻找解决老旧小区问题的方案。采取集中讨论与分社区指导相结合的落实方案。

5.“达人评比、成果展示”环节

对积极参与解决社区问题的社区居民进行评选表彰。评选方法为，居民通过自荐或者他荐的方式参加评选。报名者首先进行自我展示，随后项目组采用居民投票与专家打分的方式评选出社区达人，并对达人进行表彰。将社区达人的资料录入“社区达人培育库”，建立社区达人档案，运用专业的社会工作方法培养社区达人。

项目三 “我的社区，我做主”——社区自治与邻里互助项目

一、背景介绍

1. 项目名称

“我的社区，我做主”——社区自治与邻里互助项目

2. 服务对象

社区党员、社区居民、志愿者

3. 项目面向的社会需求

（1）贯彻落实党的十九大精神。党的十九大报告指出，要加强社会治理制度建设，完善党委领导、政府负责、社会协同、公众参与、法治保障的社会治理体制，提高社会治理社会化、法治化、智能化、专业化水平。这不仅为加强和创新社会治理指明了方向、提出了要求，更画出了蓝图、构建了顶层设计。为贯彻落实党的十九大报告中关于"打造共建共治共享的社会治理格局"的要求，我们要积极创新社区治理工作方式，发挥党员在社区治理中的先锋模范作用，因此推进社区治理枢纽型平台建设具有重要意义。

（2）社区志愿服务的专业性有待提升。社区志愿服务组织是社区成员参与社区公共事务治理的基本形式，是志愿服务的一种制度化保障。充分发挥邻里互助中心的整体优势，整合社区内志愿服务队伍，丰富志愿服务内容，完善志愿服务形式，为社区居民提供有针对性和专业性的服务，丰富社会治理创新的载体。

二、项目目标

1. 充分调动党员志愿者的示范作用，充分发挥基层党组织的战斗堡垒作用，以党建引领为核心，充分发挥党引领社会治理、整合各方资源、发挥核心作用的功能。

2. 运用社会工作的专业方法和技巧，搭建社区居民互助平台，引导社区居民成立邻里互助中心，挖掘和培养志愿者中的核心骨干，培育邻里互助小组和社区社会组织，发动社区居民参与社区服务，实现社区居民自助互助。

3. 营造社区睦邻友好的和谐氛围，通过链接各种社会资源，开展社区自治与社区志愿多元化服务，为培育社区社会组织提供有益探索。

三、项目内容

1. 发掘社区居民骨干

（1）项目组将通过与社区党委会充分沟通，了解社区内的社会组织，与党员和社区志愿者的综合治理工作相结合，将社区内的骨干党员和志愿者组织起来，发挥党员引领作用，让他们与志愿者一起，共同参与社区自治管理。

（2）明确邻里互助中心的人员目标定位，了解社区党组织和志愿者组织的人员情况，从中选拔优秀党员骨干作为互助中心带头人，具体负责互助中心的人员管理与组织队伍建设，加强社会组织服务中心的骨干队伍建设，为居民自治工作的开展奠定基础。

（3）建立社区邻里互助中心，解决社区面临的自治难题，项目组将进入社区了解社区已有资源，了解现有需求，为社区互助中心制订专业的培训辅导计划。

2. 成立邻里互助中心，打造枢纽型平台

（1）孵化和培育社区社会组织：利用社区资源，孵化、培育社区社会组织。

（2）专业技术支持：提升党员、志愿者及居民骨干的能力。

（3）资源链接：调动合作单位、社区组织的资源，开展资源对接会，建立社区资源库，推进社区自治和邻里互助。

3. 制订社区互助服务方案，开展有针对性的社区互助服务

通过调研，列举社区面临的具体问题，制订互助方案，开展有针对性的社区互助服务。

（1）公共空间的安全治理：重点清理公共通道、楼梯、安全出口的堆物、堆料。

（2）绿化保洁：建立绿化保洁自管会，鼓励小区居民主动参与社区环境整治，自觉清理卫生死角，自愿认领公共空间和公共绿地。

（3）维修维护：建立和强化维修志愿服务队，增加维修经费，探索小区困难群体维修资金的补贴机制、分摊机制。

（4）居民矛盾调解：由互助中心的骨干牵头，联系志愿者和居委会干部，形成矛盾调解委员会；引入律师志愿者等力量，提供专业技术支持；探索形成多方互动、联席议事的长效调解机制。

（5）社区文化传承：运用口述历史的方法，让老旧小区居民讲述自己与社区的故事，并且搜集相关材料，撰写媒体报道，制作宣传手册，开展对外展示活动。

（6）其他迫切问题。

选举行动小组成员，共同制订可实践的目标和实施方案。通过居民参与，培养社区居民参与治理的习惯与社区主人翁意识。

4. 搭建邻里互助平台，提供邻里融合服务，提升邻里互助能力

以社区邻里互助中心为阵地，开展有针对性的邻里互助活动，营造睦邻友好的社区氛围，一方面促进服务对象之间的相互了解和情感交流，另一方面为社区的高龄老人、空巢老人、救助对象等弱势群体提供志愿服务。

（1）“粽香浓情”端午活动：开展集体制作香粽活动，社

区居民们可以结伴而来，一起参与活动，社区居民可以通过厨艺交流、互动游戏、赠送香粽等环节，培养自己的人际交往圈，更好地融入社区。

（2）传统文化活动：为社区居民提供手工制作以及绘画等传统文化活动，丰富社区居民的业余生活，提升社区居民的交往能力。

（3）“致敬八一·红色传承”歌唱活动：党员志愿者引领社区居民的正向发展，开展歌唱活动，团结社区邻里，促进社区和谐。

附　录

老年友善社区建设成果报告

D街道老年友善社区建设成果报告

第一部分　老年友善社区概述

一、老年人与社区的关系

家庭是社会的细胞，老人是家庭的主心骨。老年人的生活保障、生活质量以及为老服务已成为当今社会工作的重要议题。

“著名心理学家布朗芬布伦纳提出了‘生态系统理论’，强调发展个体嵌套于相互影响的一系列环境系统之中。”① 以老年人个体为主的微观系统、以老年人的家庭及群体为主的中观系统，以及以文化组织、社区、制度为主的宏观系统相互作用，共同影响着老年人的发展。因此，在满足老年人生理、心理以及社交需求的社会服务工作中，社区、家庭和群体具有十分重要的地位。

---

① https：//baike. baidu. com/item/生态系统理论/6085870? fr = aladdin

目前，家庭养老功能的不断弱化以及养老机构功能的不完善，使得人们开始寻找另一种解决养老问题的途径。社区是家庭与社会的最佳结合点，在社区养老可以使老年人既能在熟悉的环境中安享晚年，又能享受到来自社会的服务。社区服务人员的专业素质、社区服务设施、社区基础设施等因素关系到老年人能否更好地享受到来自社区的照顾和服务。

二、从“老年宜居型社区”到“老年友善社区”

1.“老年宜居型社区”建设的背景

目前，我国已经成为人口老龄化速度最快的国家之一。据统计，2015 年我国 60 岁及以上人口达到 2.22 亿，占总人口的 16.15%。预计到 2025 年，60 岁以上人口将达到 3 亿，成为超老年型国家。从 2000 年至 2017 年，老年抚养比加快增长，数据表明老年抚养比逐年增加。①

社会、经济、生态和环境是人居环境科学体系的核心。20 世纪 90 年代，学者吴良镛提出人居环境理论，采用分层次、分系统的研究方法，② 2013 年 5 月 14 日，中国《老年宜

---

① http：//www.chyxx.com/industry/201609/450544.html

② 王上：《人口老龄化背景下城市老年宜居社区的评价体系研究》，《辽宁经济职业技术学院学报》2017 年第 1 期，第 33 页。

居社区（基地）基本要求》《老年宜居社区（基地）评价指南》标准研讨会在重庆举行，时任中国老龄产业协会常务副会长、中国老年宜居养生产业联盟理事长张修学指出，希望老年宜居养生社区标准的制订和实施能够切实推动老龄产业发展。①

2. “老年友善社区”概念的提出

2006年世界卫生组织（WHO）发布了《全球长者友善城市建设指南》，世界卫生组织以此作为长期计划，鼓励全球各地城市共同实践，从而建立包容、便利长者，并有助于改善长者生活质量和生活环境的社区。

FT乐助社会工作事务所专家团队结合“老年宜居社区评定标准”及《全球长者友善城市建设指南》的内容，在2016年提出建设符合本土特色的“老年友善社区”，并组织专业人员成立“友善社区服务团队”，开始在D街道辖区内的X社区进行积极探索。

与政府层面直接推动“老年宜居型社区”不同的是，“老年友善社区”是由下而上推动建设的，建设过程非常重视老年人的直接参与，并注重引导不同群体的参与，如老年人个

① http：//politics. people. com. cn/n/2013/0516/c70731-21506230. html

体及其家庭成员、专业养老机构、企业等。

第二部分　建设老年友善社区的必要性和紧迫性

一、养老问题日益严峻

随着社会的发展，“421”结构的家庭数量不断增加，“421”家庭缺乏来自晚辈的养老支持和情感慰藉，家庭养老功能严重弱化。同时机构养老也面临着资金不足、管理不善、专业人员不足及老年人收入微薄和适应力不强等问题。

二、养老及养老服务相关需求的网络关注度

2016年12月，网民在百度网搜索“养老服务”相关检索词，上升需求最快的检索词为“养老服务体系建设”，变化率为86%；其次为“体系”，变化率为6%。通过数据可以看出，大家在关注养老服务的同时，不再只是单单关心养老保险是否上涨、养老院的建设等基础性服务，更加关心相关的养老服务体系建设，以及顶层政策的搭建。

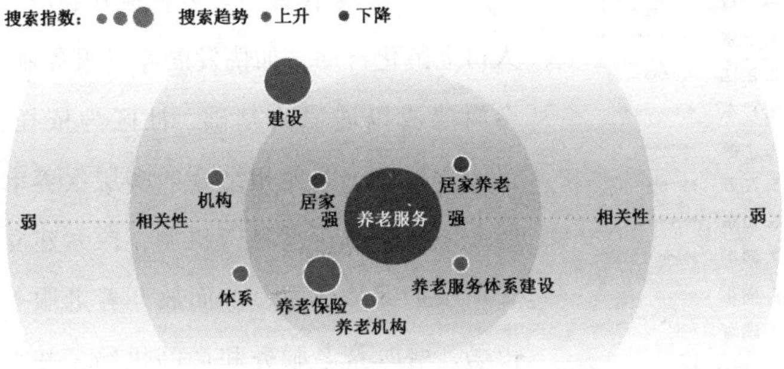

图1　2016 年 12 月，“养老服务”相关词汇需求图谱（数据来源：百度指数）

三、地域分析

通过对 2016 年搜索“养老服务”相关词的网络用户属性进行聚类分析，得出了用户所属地的排名情况。我们可以看到，在四个直辖市中，北京领先；在各省份之中，浙江最高，广东次之。这既与北京户籍老人人口数量大、生活及家庭压力大有关，也与北京市相继出台相关养老服务政策有着密切的关系。

四、政府部门的高度重视

民政部印发的《民政事业发展第十三个五年规划》指出，

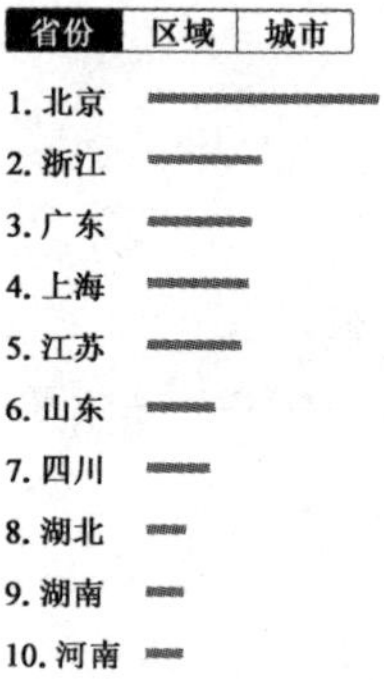

图2　2016年，搜索“养老服务”相关词的网络用户所在地区排名（数据来源：百度指数）

“十三五”时期民政事业要积极开展应对人口老龄化行动，加快发展养老服务业。全面建成以居家为基础、社区为依托、机构为补充、医养相结合的多层次养老服务体系，创新投融资机制，探索建立长期照护保障体系，全面放开养老服务市场，增加养老服务和产品供给。并加快养老服务体系建设、养老服务信息化建设、养老服务人员培养工程。①

北京市人民政府办公厅在2017年印发了《关于全面放开养老服务市场进一步促进养老服务业发展的实施意见》的通知。通知中指出，“进一步放宽养老服务市场准入条件，注重管理创新、产品创新和品牌创新，积极运用新技术，培育发展新业态，促进老年产品用品丰富多样，养老服务方便可及；壮大养老服务组织和队伍，强化监管，不断提升养老服务规范化、专业化水平；重点培育发展一批资本雄厚、竞争力强、影响力大、管

---

① 民政部：《民政事业发展第十三个五年规划》，2016年7月6日。

理运营高效的大型养老企业和社会组织。”①

第三部分　D 街道老年友善社区建设的探索和发展

一、D 街道老年友善社区的模式设计

1. 老年友善社区建设的背景

截至 2014 年年底，北京市 60 岁及以上的户籍老人达到 301 万人，占户籍人口的 22.6%。当前老年人的生活质量日益受到挑战，改善其生活质量有益于社会的可持续发展。由于家庭结构的变迁，现阶段传统的家庭养老功能日趋弱化。社区居家养老由于其便利性、普惠性，成为当前中国社会性价比较高的养老方式。然而，由于社区养老服务多元供应主体的缺乏，以及社区工作者的精力和专业能力限制，要实现大规模社区养老还需要进一步进行供给侧改革与创新。第六次全国人口普查的结果显示，FT 区 60 岁以及以上的人口约为

① 北京市人民政府办公厅：《关于全面放开养老服务市场进一步促进养老服务业发展的实施意见》，2017 年 3 月 7 日。

45.6万人，占全区总人口的21.6%。这其中以单位型社区为主的D街道60岁以上人口数量为1.12万人，占街道总人口的24.16%，可见两个区域提供养老服务的压力巨大。项目前期调研数据显示，目前虽有低龄老人自发组成的“为老服务探访团”及“居家养老互助会”等志愿服务队，但其服务的专业性和稳定性不足，提供的服务主要限于文化体育活动，对社区内非正式资源的发掘和利用还不够，亟须补救性服务与发展性服务。

综上所述，北京市FT乐助社会工作事务所将通过开展老年友善社区服务项目，以X社区为项目落地社区，服务街道老年人。

2. 老年友善社区的服务理念

老年友善社区以“生态系统”为理论基础，将老年群体放在系统中，将服务对象与其所生活的环境视为一个完整的整体，通过改变系统来满足个人需求。以宏观系统的“老年友善环境”“老年友善文化”、中观系统的“老年友善媒介”、微观系统的“老年友善自我”为服务模式。将社区营造与专业老年社会工作服务相结合，通过专业服务、适老化环境改造、培育居民自组织、建构社区服务网络等手段，综合改善老年人的生活环境，形成对老年人友善的综合生态系统。进而提升社区公共服务递送效率，促进社区治理创新和居民自治，重塑居民关系纽带。

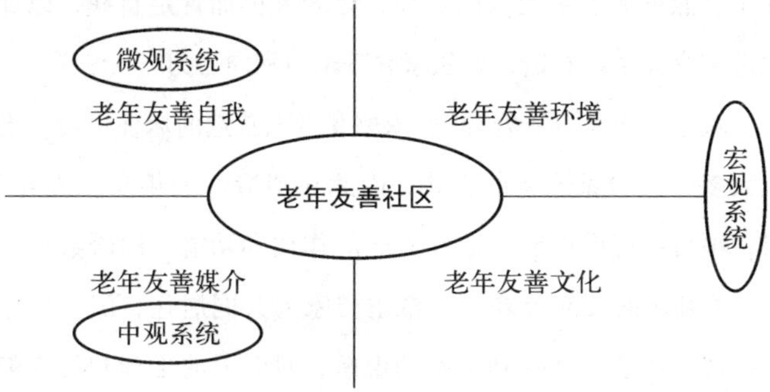

图 3　D 街道老年友善社区的服务理念

3. 老年友善社区的计划方案

由 FT 乐助事务所专家团队设计的友善社区的具体服务内容主要包括：塑造“老年友善自我”，塑造“老年友善媒介”、塑造“老年友善环境”以及营造“老年友善文化”四大板块。

塑造“老年友善自我”。人在步入老年以后，行动变得迟缓，记忆力也随之下降，有的老年人甚至产生了抑郁感和孤独感，有些老人与家人之间产生了很深的矛盾。在塑造“老年友善自我”板块，项目组将注重老年人个体的发展，比如采用生命回顾、忆往昔等方式为老年群体开展个案服务；搜集老人的旧照片和口述故事，编排图文，制作成册，邀请老人及其家人共同参与制作，搭建家庭之中的沟通交流平台，让子女能更加了解老人的过往，让老人更加肯定自我，以此促进家庭关系的和谐，增强家庭凝聚力和向心力。

塑造“老年友善媒介”。家庭是老人首选的居住场所，老人大多选择居家养老的方式，因此在塑造“老年友善媒介”时，项目组将重点发挥家庭养老的作用和功能。调研数据显示，X 社区的大部分老年人希望与家人共同居住，因为居家养老能够让老人感受到家庭的温暖，对老人的生理和心理健康有着积极的作用。因此在服务中，机构将结合实际需求，对老人的家属及照料人开展关系辅导，开展以家庭为单位的社区活动，举办培训讲座，通过提供这些服务，进一步提升家庭成员之间的关系。

同时，在社区中进行筛选和招募，招募有行动能力和爱心的老人成立 X 社区邻里互助队，引导低龄老年人为辖区内的高龄、空巢及行动不便的老年人提供志愿服务。一方面发挥低龄老年人的余热；另一方面发挥邻里互助的优势，进一步强化老人对社区的认同感和归属感。

塑造“老年友善环境”，在社会工作与社区营造相结合的服务模式下，由政府提供社区改造资金，由机构社工运用焦点小组、议事协商等工作方法，组织各方力量共同参与。由社工作为倡导者、组织者和引导者，社工机构作为资源的提供者，社区组织、居民作为参与者，共同商讨改造内容，通过设计、实施适老环境改造计划，形成社区事务的自组织与合作机制。

塑造“老年友善文化”。D 街道老年人数量众多，在街道范围内塑造为老服务文化尤为重要。友善社区将以老年群体为中心，通过“老幼共融活动”把服务延伸至社区青少年，影响社区青年群体，在社区形成尊老、敬老的氛围；通过“低龄老人志愿服务”带动社区低龄老人参与志愿服务，加强老人之间的凝聚力，进一步密切低龄老人和高龄老人之间的关系，营造 D 街道特有的友善文化。

二、 D 街道创建老年友善社区的主要做法

1. 开展需求调研，精准满足社区服务需求

项目组在创建过程中坚持以需求为导向，在街道社区抽取了 500 份样本，进行了为期一个月的“友善社区需求调研”工作，调查的对象为社区内 60 周岁以上的老年人，抽样比例为 24.5%，问卷回收率为 98.3%。街道委托专业社工机构以问卷加访谈的形式充分地了解了老年人身体状况、精神生活

状况、社区参与状况、互信状况、需要街道提供的服务需求等信息，并形成了指导工作的《D 街道老年需求调研报告》。调研发现，街道老年人有以下迫切需求：① 高龄、失能、半失能老年人的日常照料的需求；② 高龄老人的精神慰藉的需求；③ 老年人日常用餐的需求；④ 低龄老人参与社区建设和文化活动的需求；⑤ 社区适老环境改造的需求；⑥ 培育社区低龄老年自组织的需求。围绕这六项需求，街道进行了精准化满足。

在调研中我们了解到，X 社区的居家养老服务主要由养老互助会提供。2008 年，D 街道和 X 社区成立了居家养老互助会，成立之初有 120 余人，根据社区内老人的实际需求将工作人员分为 14 个小组，包括理发组、购物组、聊天组、拆洗组等，定期为独居和高龄老人提供服务。

2. 引进专业社工机构，培育志愿者队伍，推动社区专业服务与志愿服务常态化

居家养老互助会提供的服务覆盖面较小，仅覆盖本社区内的老人，且参与志愿服务的均为社区退休老人，这些老人利用空余时间来做志愿服务，且部分老人还参加了社区内的其他志愿组织，当志愿服务时间有冲突的时候，老人们只能选其一，因此在服务中常常出现“心有余而力不足”的现象。

老人们在开展志愿服务时，社区内并未提供专业知识及相关技能的培训。因此，在居家养老互助会成立近 8 年的时间里，志愿者数量由建立初期的 120 余人减少到现在的不到 10 人，为老年人提供服务的 14 个小组也只保留了聊天组和理发组。

针对养老互助会发展受阻的情况，工作人员分别与社区居委会工作人员及居家养老互助会成员进行访谈，了解了发展受阻的原因。一是队伍缺少新鲜活力的注入。目前 X 社区内的社区组织成员的平均年龄在 75 岁以上，受年龄和身体等多种因素的影响，他们无法全身心地投入到助人服务当中。而社区内的低龄老人由于照顾孙辈、照顾高龄父母等多种原因，多不愿意参加养老互助会。二是缺少志愿者激励机制。互助会成立至今，没有建立起完善的志愿者管理制度及激励机制，只是在每年年底时，社区会给所有志愿者发放食用油或者大米等生活用品用于表彰。

分析调研数据后，我们发现 3.6%的居民对社区服务内容不清楚，或认为社区没有提供任何的服务，但是有 91.8%的居民认为社区有“文体娱乐活动”。所有居民均表示社区托老所没有提供全托服务，仅有 18.3%的居民认为有“社区托老所提供日间照料服务”。

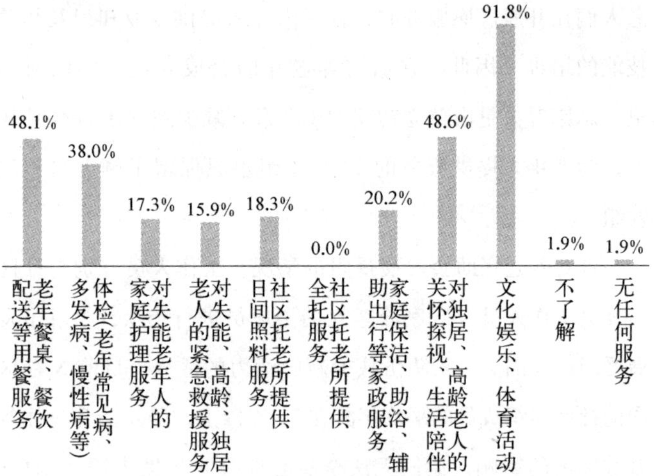

图 4　社区养老服务情况

基于此，为建设“友善社区”，精准化满足社区服务需求，D 街道创新地引入第三方机构——北京市 FT 乐助社会工作事务所，以购买服务的方式，借助社会力量打造老年友善社区。街道为服务购买方，乐助社工事务所为服务承接方，双方签订服务协议。街道提供项目开展所需的资金以及场地，社工机构运用专业的力量开展具体的服务工作。社工机构在服务的过程中，重新整合社区的志愿者资源，在已有组织的基础上进行培育，发挥社区志愿者的主体性和能动性。逐渐形成“街道社区与社工机构合作，社工机构培育社区内的志愿服务组织，被培育的志愿服务组织广泛参与社区服务”这样一个良性循环模式，逐渐建立社会工作者和社区志愿者的协同服务机制，推动社会组织常态化服务和在地化服务的开展，促进街道社区服务网络的优化。

3. 广泛汇集资源，全方位介入社区服务，扩大社区服务有效供给

（1）广泛汇集资源，形成服务合力。通过对调研数据进行分析，项目组发现 X 社区老人的重点需求主要集中在：① 老年餐桌及订餐需求量最大；② 文体娱乐小组需要进行更加系统化的组织培育；③ 托老、日间照料需求量大；④ 社区敬老、爱老氛围需要进一步进行塑造；⑤ 为老服务活动量需要增加；⑥ 上门服务需求量大。因此友善社区项目在实施过程中引入大量外部资源，比如① 引进“九悦九社区居家养老照料中心”，为老年人提供日间照料、送餐等服务；② 引入北京农学院社会工作系的学生资源，社工专业学生用专业的理论素养和志愿服务优势，为社区老年人提供服务；③ 引入青年创新团队，建立社会创新实验室，提供青少年与老年互助服务、组织培育服务和适老环境改造服务；④ 引入社会文艺专业人才，包括舞蹈教练、朗诵教练等，为老年人提供丰富的文体活动，丰富老年人的精神生活；⑤ 引入了北京电视

台、人民网、央广网等媒体，对友善社区进行宣传，塑造友善文化氛围。

（2）为失能、半失能老人提供支持性服务。X社区大部分老人为303所的退休人员，老年人占社区总人数的28.3%，困难老人17户。在友善社区项目实施过程中，社工和居家养老互助会成员链接医疗资源，开展上门陪伴等服务，并帮助他们减轻压力。

由社区提供失能及半失能老人的名单，社工在居家养老互助会成员臧阿姨和杜阿姨的带领下，进行走访，在走访中了解入户人员的基本信息、疾病史、护理情况及目前正在服用的药物，并将数据进行整理。社工利用4天的时间走访了19位老人，其中6位由互助会组长推荐，社区所提供名单中有2位老人去世，有2位老人拒绝入户调查，有1位老人已经入住养老院。

根据已整理的数据，机构利用自身资源对接了北京电力医院，并在D街道民政科的协调下，与街道内的社区卫生服务站进行了对接，并将前期整理的信息数据提供给医护人员，制定个性化的方案，为失能及半失能老人的照料者提供照料技能辅导，主要包括健康饮食、防止褥疮及防跌倒等内容。在上门入户服务的过程中，项目组组织社区、养老互助会、社工共同参与，项目组还为有特殊需求的老人提供家庭关系辅导，协助老人更好地度过晚年生活。

案例一：张阿姨，女，丧偶，有两个儿子、一个女儿，无退休费，街道每月补发 100 元，现独居在 X 社区，身体状况较差，因严重的风湿疾病，老人日常生活处于半自理状态。社会关系一般，子女基本每天都会回来看望老人，子女压力很大。老人情绪和心理状况较差，不想拖累子女，有轻生念头，对生活不抱希望，希望能够寻求照顾，以减轻子女的负担。

张阿姨由于身体状况糟糕，处于半自理状态，不适合独居。另外，老人排斥陌生环境，因此不愿住养老院，目前处于子女轮流照料状态，给子女也带来了一定的照料压力。社工了解到该情况后，为其制定了介入方案：一是向张阿姨传递希望、支持和信心，以便提升其面对生活的能力；二是引入其他项目资源，为张阿姨提供上门技能辅导，指导老人如何避免摔倒，传授腿部护理技能，为其子女提供喘息服务；三是利用和调动其生态系统中的社会资源，更好地满足张阿姨生理方面的需求，并且协助解决张阿姨心理上的问题。另外，事务所社工积极与张阿姨子女协商，建议他们选用社区内的居家养老服务，就近为张阿姨提供生活帮助，如上门做三餐、室内清洁打扫、代买日用品、陪同就医等，这种居家养老服务模式最能满足老人的需求，也可以缓解子女的照料压力。

案例二：33.2%的老年人都希望社区可以建立老年餐桌，为一些行动不便的老年人提供帮助。乐助社工事务所的社工在入户走访过程中也了解到了需求背后的原因，随着老年人的年龄越来越大，身体素质和自我照料能力大不如前，家庭照料资源有限，所以老年人对老年餐桌的需求特别迫切。

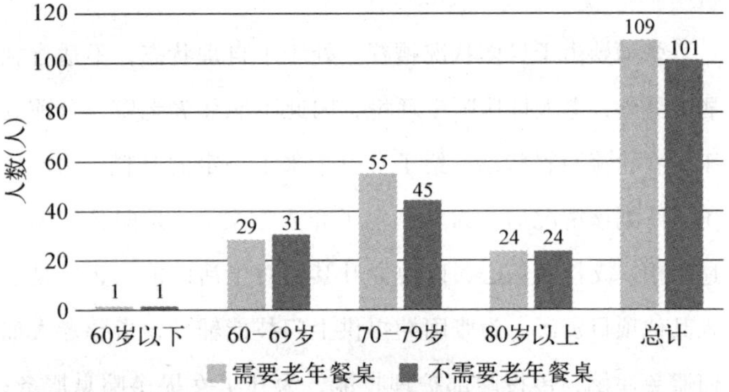

图5　X社区老年人对老年餐桌的需求

基于此，项目组链接专业养老机构，在社区开展“邻家小厨”助餐服务，极大地满足了社区老年人的吃饭需求。

项目组还了解到，社区有几位老人有过在饭店工作的经验，例如周凤琴阿姨，今年 53 岁，有 20 多年的食堂工作经历，还有杜清显大哥，今年 33 岁，从事餐饮行业 10 多年。因此，乐助事务所设计了“邻里互助”家厨送餐计划，招募社区中低龄老人做饭，为高龄老人提供“帮厨”服务，制定了一整套引入资源的监督机制，由此延伸建立“X 家厨互助体系”，在一定程度上解决了 X 社区部分老人吃饭难的问题，并控制了送餐成本。同时，项目组针对“家厨”的工作人员组织专业培训，并定期对做饭的环境以及饭菜质量进行检查。目前“邻里互助”家厨送餐服务已有固定荤菜菜谱 11 个，素菜菜谱 19 个，除中午订餐外，还增加了晚上送餐服务。我们通过与部分订餐老人沟通了解到，饭菜口味符合老年人的需求，做得好吃，价格也不贵，15 元的套餐包含一荤两素，且分量大，既安全又卫生。据统计，“邻里互助”家厨送餐服务平均每天接到的订餐量在 12 份左右。

（3）链接资源，推进“社工+志愿者”联动模式。X 社区内有多支社区志愿服务队，如居家养老互助会、洁美大使、繁星志工社等，并且它们拥有非常好的群众基础，在社区的领导下，定期开展志愿服务。事务所工作人员在为老人提供直接服务的同时，也整合了社区的志愿者资源，在已有组织的基础上进行重组，发挥社区志愿者的主体性和能动性。

项目组与首都经贸大学进行合作，开展咨询沙龙活动，解答志愿者的问题和困惑。针对缺乏年轻队员、没有资金支持等问题，首都经贸大学的老师及事务所社工制定了方案：其一，在社区加大宣传，让更多的居民了解到社会组织存在的意义；其二，开展社区居民喜闻乐见的活动，吸引年轻居民的参与；其三，与驻区单位进行合作，结成对子，共同为社区老年人提供服务；其四，引入外部项目资源，为社区社会组织提供资源支持；其五，通过公益微创投，为社区社会组织提供小额资金支持。通过以上服务，实现“社工+志愿者”的联动模式，从而更好地为社区老人提供服务。

（4）社会工作与社区环境改造相结合。X社区为老旧小区，面临着很多老旧小区的共性问题，比如社区环境比较杂乱等。针对这些问题，项目组积极发掘社区优势资源，营造友善环境。

案例一：开展“绿色行动”——环保意识倡导活动

社区的楼道、公共绿地经常堆放着各种杂物，在占用公共空间的同时，也给居民的出行带来极大困扰。基于此，北京市FT乐助社会工作事务所联合X社区积极响应D街道“社区环境整治”计划，举办“绿色行动”——环保意识倡导活动。

在活动前期，事务所与社区共同制定了活动流程。通过在楼道张贴活动通知、在社区宣传栏张贴海报等方式，让居民了解活动的目的及意义。由事务所工作人员上门对废旧自行车进行登记。活动当天共发放宣传材料 300 余份，发放环保布袋 100 余个，登记废旧自行车 10 余辆。

案例二：以老年人的群体需求为导向，对社区的物理环境进行改造

根据前期调研，项目组了解到社区老人因身体退化原因，出行不方便。基于此，项目组在社区楼道内加装楼道扶手，方便老人上下楼；对社区内的路灯进行改造，安装太阳能路灯，方便老年人的夜间出行；对社区内的公共卫生间进行改造，满足老年人的需要。

（5）举办社区文化娱乐活动

X 社区的老年人很多，但社区日常举办的活动难以满足老年人对文化娱乐的需求，因此，社区需要组织常态化的文化娱乐活动，针对这一点，项目组发挥外部资源的优势，聘请专业人员帮助社区组建老年话剧社。

案例：组建“我爱我社区”老年话剧社

X 社区居民的活动形式较单一，大部分居民运动量小、语言交流少，很多老人的沟通交流能力和身体机能逐渐退化，

情绪和心理状态变差。亟须树立文化氛围。此问题需要社工的介入，以帮助老人更快、更好地融入社区生活，增加他们与其他人交流的机会，使他们乐观积极地面对生活。

介入方案如下：针对此项需求，乐助事务所帮助X社区建立“老年话剧社”，话剧社招募社区老年居民为演员和剧务，演出主题为社区居民比较关心的敬老爱老、社区卫生、预防诈骗、乱停车等，把居民日常的小事进行艺术处理，塑造了社区文化氛围，受到了社区老年人的一致认可。

4. 完善服务评估机制，对老年人的动态需求进行实时反馈和评估

随着身体状况的变化，老年人的需求也在不断地变化，X社区与北京市FT乐助社会工作事务所合作制定了老年人的服务反馈机制，包含服务设计、服务内容和服务效果等板块。服务内容的设计充分吸纳了老年人的建议，为老年人提供真正需要的服务。每项服务结束后，收集老年人的反馈意见，及时了解老年人的需求变化，并做出调整。街道与北京市FT乐助社会工作事务所联合制定了《友善社区满意度反馈表》《友善社区项目评估调整机制》，以保证友善社区项目的正常运行。“我年岁比较大了，行动不太方便，家厨活动的志愿者每天把饭菜送到我家里，解决了我生活的大问题！我很感谢政

府能提供这项服务，也很满意。”高龄老人朱阿姨评价道。

三、项目取得的成效

1. 街道老年人的压力得到显著缓解

通过老年友善社区项目开展的服务，社区老年人的压力得到了有效的缓解。项目组为失能、半失能老年人提供的直接入户服务，缓解了老年人及其家人的压力；通过与九悦九社区居家养老照料中心合作，为老年人提供一系列服务，极大地方便了老年人的日常生活。

友善社区项目在实施过程中，得到了老年人的高度认可，并且他们认为社工机构在真正为他们着想。对接医疗资源为社区提供上门辅导与培训。医生曾发现一位老人身体异常，并说：“老人的脸色不好，而且脉搏也偏弱，建议为老人检查身体。”一周后，老人的家人对社工反馈说：“老人已经去世。”这样一个突发性的事件让我们感受到了解老人疾病的重要性以及必要性。其余老人以及他们的家人都表示感谢。

社区内老年人对家政服务很满意。一位阿姨说道：“到了冬天，自己就不愿意出远门买菜，在社区买菜比较方便，价格还比外面的便宜；自己不愿意做饭的时候，可以提前一天订餐，人家免费给我们送到家，价格我们也可以接受。”

2. 社区互助氛围明显提升

友善社区项目培育了两个老年互助会，在专业社工的指导下，由低龄老年人为高龄老年人提供心理慰藉服务；建立了“家厨服务体系”，由低龄老年人组成“家厨小组”，为高龄老年人提供助餐服务，取得了很好的成效。友善社区项目在很大程度上提升了社区中“互助”的友善氛围。

3. 社区“友善文化”的氛围初步形成

项目组通过引入社会力量，开展了“书香悦读+我”“长者故事”“老年舞蹈队”“老年书画班”“重温老电影”等一系列的老年文化活动，街道老年文化活动的举办频次和参与度显著提升。这一方面丰富了老年人的晚年生活，初步形成了“友善文化”的氛围，另一方面塑造了社区共同体的凝聚力。

4. 社区治理效果明显，居民自治能力显著提升

项目组发挥居民的主观能动性，社区老年人通过互助会为社区事务“建言献策”，并参与到社区的适老化环境改造和社区文化活动中来。社工以议事协商的方式解决公共问题，吸引居民的共同参与，让居民及时评估服务效果，发挥居民参与的优势，建言献策，实现“居民参与并推动社区发展”的社区治理效果，居民的自治能力得到了显著提升。一些创

新的治理尝试也得到了社区居民的广泛认可，效果明显。养老互助会的成员对社工的认可度为100%，杜阿姨说："之前也来过很多和你们差不多的机构，但他们和居委会老站在一起，不像你们不偏袒哪一方，保持中立。"在开展了焦点小组活动后，成员对活动的满意度达85%。

5. 创新路径基本形成

通过友善社区项目的运行，基本形成了一套社区服务的创新路径。基本路径为：**需求测评—精准对接—分层干预—构建网络—实时反馈—有效评估**。

第一步为需求测评，在构建服务体系的过程中，首先要了解居民的迫切需求，进行需求汇总，以需求为导向，为计划的制订和开展奠定基础。

第二步为精准对接，为社区居民的实际需求进行精准的资源对接，寻找最有效的方法和路径。

第三步为分层干预，影响居民需求的因素是多方面的，对不同层面的需求进行微观、中观、宏观方面的分层干预，可以构建更全面的覆盖体系。

第四步为构建网络，社区服务体系的建设需要发挥多元主体的力量，友善社区项目在建设过程中积极整合社会资源，构建服务网络，包括"内升"和"外引"两个层面，"内升"

层面要培育社区自组织，提升居民参与意识，引导居民参与社区治理。“外引”层面要引入外界资源和社会力量，形成合力，通过“内升”和“外引”构建和完善支持网络。

第五步为实时反馈，建设社区服务体系归根结底是为居民提供服务，居民的需求是会随环境的变化而改变的，友善社区项目在服务过程中注重实时反馈居民意见和需求，创建更加人性化的服务体系，防止“刻板服务”的发生。

第六步是有效评估，友善社区在项目服务的各个阶段都会收集居民的评估意见，为下一阶段的服务提供有效参考。

四、项目实施中的困难及反思

乐助社会工作事务所通过六个多月的介入，在D街道及X社区的大力支持下，将自身的专业知识与X社区居委会的实务经验相结合，提供了较好的社会服务，取得了较好的群众口碑，得到了广大居民的支持，并有效改善了X社区的环境，得到了社区居委会以及居民的一致认可。但我们也深刻认识到，老年友善社区项目还存在着一些困难及不足：

（一）困难

1. 居民对社会组织的认同感有待进一步提升

社会工作作为新生事物，社区居民对其内涵缺少基本的了解，将社会工作者宽泛地理解为志愿者或社区工作者。因此在开展友善社区项目的相关活动过程中，有部分居民表示不理解、不认同。

2. 居民参与意识有待进一步提高

X 社区有着很好的志愿服务基础，有“社区居家养老互助会”“洁美大使”等志愿服务队，在社区建设中发挥着重要的作用。调研结果显示，X 社区的居民对社区有比较强的认同感，不过不同的居民对不涉及自身的社区事务持不同的态度，主要有三种：一是对社区不良现象发牢骚，但不提出解决方案，也不会主动地参与到社区事务当中；二是部分居民因工作、身体或其他原因无法真正地参与社区事务，但会提出相关的建议和想法；三是居民亲自行动并发动其他居民参与。虽然大多数的居民有参与意识，但从实际情况来看，整体参与度还有待提高。在社区活动中，参与者多数是老年人，社区中的中青年居民，即使参与了，也往往处于被动状态。居民的社区参与意识有待进一步提升。

事务所社工针对工作中遇到的以上困难，积极与社区进行沟通，协商解决方案，也进行了总结与反思。

（二）反思

1. 创新宣传方式，让社区居民了解友善社区项目的内涵

及意义

项目组应充分发挥事务所微信公众号、网站、微博、QQ群等网络宣传渠道，及时发布老年友善社区的活动信息，让社区居民了解友善社区项目的内容及实施形式。此外，项目组还应当积极利用街道及社区的宣传渠道，得到街道及社区的全力支持，对于不接触网络的部分老人，利用传统媒介进行宣传。同时，我们还应当借助各大媒体开发的客户端推送老年友善社区项目内容，以形成一定的社会影响力。

2. 社区社会组织的孵化、培育和发展

社会组织在本项目中发挥着极其重要的作用，而社区社会组织作为社会组织的重要组成部分，在本项目中也发挥了极大的作用。在今后的工作中，项目组应重点发展社区福利类、社区共建类以及环境物业类等涉及公共事务的社区社会组织，进一步提升社区居民的参与意识和参与能力。

3. 拓展社区居民的参与空间

目前部分居民形成了有事依赖政府或者单位的观念，缺乏自我管理、自我服务和自我教育的意识。因此，社会组织应当建言献策，与社区进行沟通和协商，厘清社区的管理职责和服务内容，为社区留下相应的自治空间。同时也应当与街道进行沟通，让街道认识到居民应在社区治理中发挥的作用，为居民搭建社区参与的平台，拓展社区居民的参与空间。

五、下一步工作计划

1. 结合引入资源，探索成熟的老年互助体系

继续与“九悦九社区养老服务中心”合作，探索成熟的友善社区老年互助体系。以“家厨模式”为例，低龄老人通过帮厨获得晚年的尊严及价值，高龄老人通过“家厨”解决吃饭难的问题，最终建立“全社区帮厨互助”的友善体系。

2. 进一步提升社区“文化友善氛围”

统筹利用X活动空间，举办“流动图书小组”“老年儿童课堂”等活动。在老年人之间建立“图书流动机制”，传递文化氛围；开设老年儿童课堂，招募有讲课能力的老年人为儿童讲课，把友善文化传给下一代；同时，由儿童为老年人制作感恩卡，营造全社区的敬老氛围。

3. 加大力度进行组织培育，建立组织品牌

继续与社区进行良好合作，对社区原有组织进行整合，对其发展中存在的问题进行分析及梳理，并在此基础上加大力度进行X社区养老互助会的培育工作，为养老互助会提供相关培训，打造X社区的养老组织品牌。

4. 成果梳理与媒介宣传

将友善社区相关材料进行梳理和整合，发挥事务所专家团队的优势，对成果进行梳理及总结，总结出一套具有 D 街道特色的友善社区干预模式。加强与街道层面的合作，定期将材料递交至相关科室，宣传友善社区项目的成果，并在各大媒体及相关学术网站进行宣传，扩大项目的社会影响力。

5. 发现社区带头人，开展社区“公益微创投”活动

下一步事务所将继续在社区的支持下，开展 X 社区的“公益微创投”活动，解决潜在的矛盾，营造一个熟人社会，营造良好的社区环境。

附：调研数据

社区居民养老需求调研报告

社区内 60 岁以上老人占社区人口的 38%，本次居民养老需求的调研对象是 212 位老年居民，抽样比例为 7.7%，按照年龄分层选取，60—69 周岁为一层、70—79 周岁为一层、80 周岁及以上为一层。

由居委会工作人员组织被选居民前来进行问卷访谈，并且居委会工作人员和社区积极分子还带领调查员进入部分居民家中进行面访。本次调研累计发放需求调研问卷 212 份，回收问卷 212 份，回收率为 100%；其中有效问卷 208 份，有效率为 98.11%。

本次居民问卷调研内容包括：老年人的个人基本情况、生活状况、社区服务需求、社区参与、社区社会资本以及社区服务满意度 6 个部分，总共 46 题。

问卷全部由调研员进行面访时填写，绝大部分问卷由居民在“问卷星”上进行填写，部分问卷由居民在纸质版上填写，随后录进“问卷星”中。

项目组根据在社区进行的老年需求问卷调查，对社区居民养老需求情况进行统计分析。

一、被访人员基本情况

（一）被访人员性别、年龄层分布情况

从性别来看，本次访问的男性居民占比 33.2%，女性居民占比 66.8%。从年龄层次来看，60—69 岁居民占比 19.3%，70—79 岁居民占比 51.2%，80 岁以上居民占比 29.5%。基本符合社区老年人的性别与年龄分布。

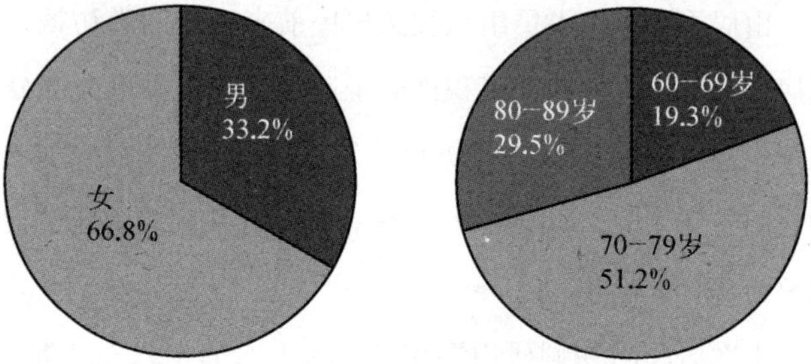

图 1　调查对象性别、年龄分布情况

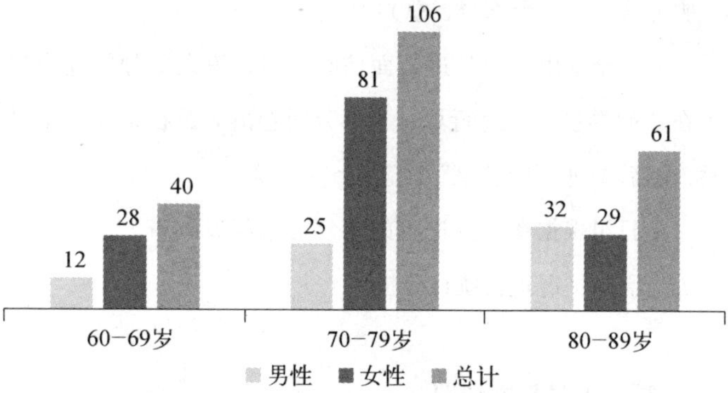

图 2　调查对象不同年龄层次性别情况（单位：人）

（二）孩子数分布情况

从调查对象的孩子数来看，有 23. 2%的居民只有 1 个孩子，有 47. 3%的居民有 2 个孩子，有 21. 3%的居民有 3 个孩子，有 7. 2%的居民有 4 个孩子，有 1. 0%的居民有 5 个孩子。

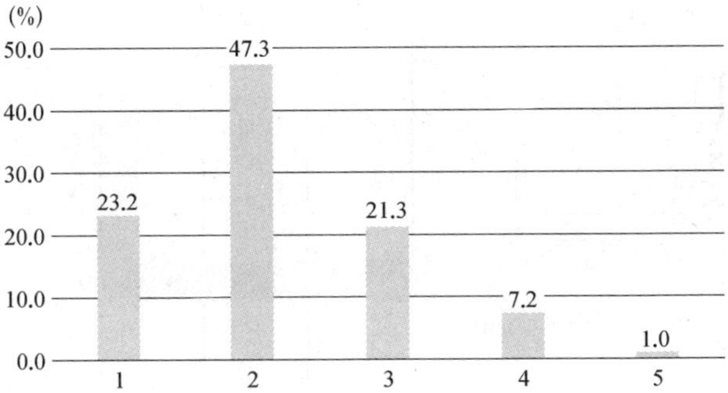

图 3　调查对象孩子数占比情况

（三）居住的家庭关系情况

被访居民中，有 19.4%的居民为独居老人，56.3%的居民仅老两口自己居住，两代人同住的老人占比为 17.0%，另有 1.5%的居民与孙辈同住，而三代同堂的居民也有 5.3%。

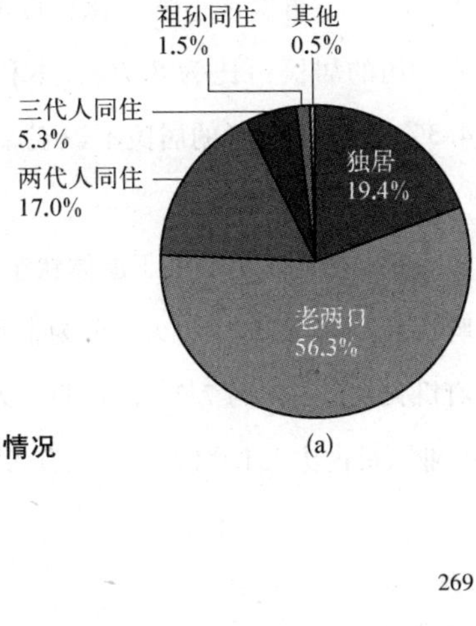

图 4　调查对象居住的家庭关系情况

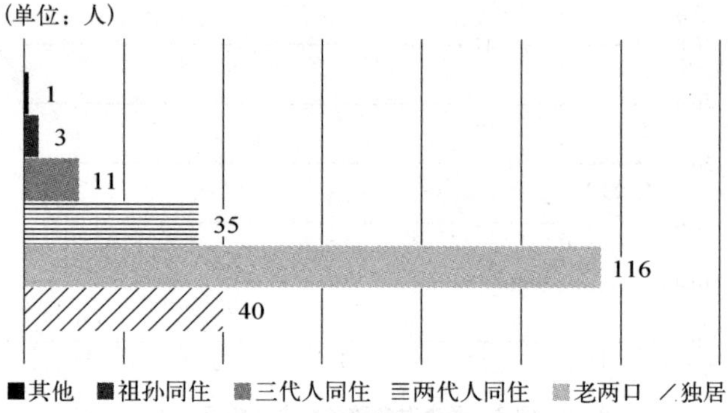

(b)

图 4　调查对象居住的家庭关系情况

（四）文化程度

从调查对象的文化程度来看，初中文化程度的居民最多，所占比例为 35. 6%，其次是中专/高中文化程度的居民，占比为 29. 3%，再次是小学文化程度的居民，占比为 18. 3%，大专学历的居民占比为 8. 7%，本科及以上学历的居民占比为 4. 3%，另有 3. 8%的居民不识字。

（五）职业情况

被访居民基本上处于退休状态，仅 0. 5%（1 人）目前为返聘状态。居民退休前绝大部分为企业职工（占比为 80. 2%），政府机关人员占比为 7. 2%，教职工人员占比为 6. 3%，医疗系统从业人员占比为 1. 9%，但是仍有 3. 4%的居民此前为无业人员。

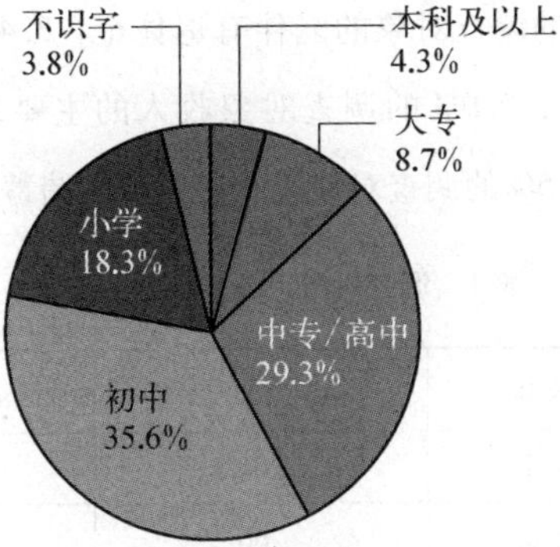

图5　调查对象的文化程度

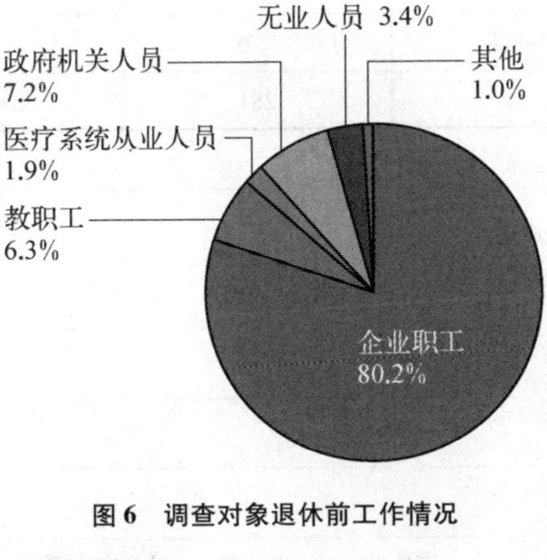

图6　调查对象退休前工作情况

（六）目前主要收入来源

从调查对象的主要收入来源看，96.6%的调查对象有退休金，31.3%的调查对象的老伴有退休金，3.4%调查对象表示儿女会给钱，2.9%的调查对象收入的主要来源是政府补助，另外有0.5%的调查对象表示用以前的储蓄。

表1　调查对象目前主要收入来源

主要收入来源	频数（人）	占比（%）
自己的退休金	201	96.6
老伴的退休金	66	31.7
儿女给	7	3.4
以前的储蓄	1	0.5
政府补助	6	2.9
总　计	281	100.0

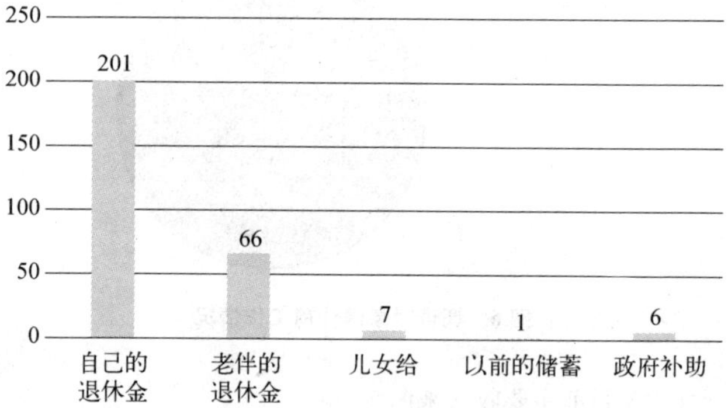

图7　调查对象目前主要收入来源（单位：人）

（七）月收入情况

被访居民中，8.2%的居民目前的月收入在3 000元以内，36.5%的居民月收入在3 001—4 000元之间，31.7%的居民月收入在4 001—5 000元之间，另有23.6%的居民月收入在5 001元以上,另有2.4%的居民月收入在1 000元以下。

按照北京市民政局2016年公布的城乡低收入家庭认定标准，家庭月人均收入低于1 050元的，可以认定为低收入家庭。①［参见《关于调整本市社会救助相关标准的通知》（京民社救发〔2016〕113号)］

表2　调查对象的月收入情况

月 收 入	频数（人）	占比（%）
1 000元以下	5	2.4
1 001—2 000元	1	0.5
2 001—3 000元	11	5.3
3 001—4 000元	76	36.5
4 001—5 000元	66	31.7

① http：//www.beijing.gov.cn/zhengce/zhengcefagui/201905/t20190522_ 58250.html

（续表）

月 收 入	频数（人）	占比（%）
5 001 元以上	49	23. 6
总　计	208	100. 0

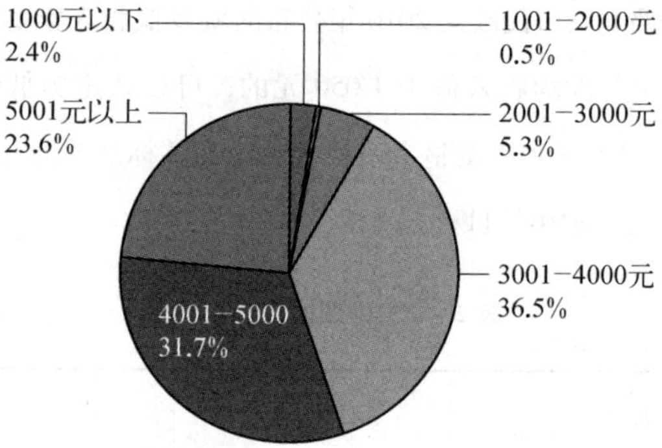

图 8　调查对象的月收入情况

（八）居民在 D 社区的居住条件情况

从统计数据来看，被访居民在本社区居住的年限均较长，在本社区居住 10 年以内的居民仅占 2. 4%，其余均在 10 年以上，其中居住时间在 50—59 年之间的居民最多，占比为 30. 4%，另有 19. 8%的居民在本社区居住了 60 年以上。

表 3　调查对象居住情况

居住时间	频数（人）	占比（%）
10 年以内	5	2. 4
10—19 年	8	3. 9
20—29 年	24	11. 6
30—39 年	40	19. 3
40—49 年	26	12. 6
50—59 年	63	30. 4
60—69 年	41	19. 8
总　计	207	100. 0

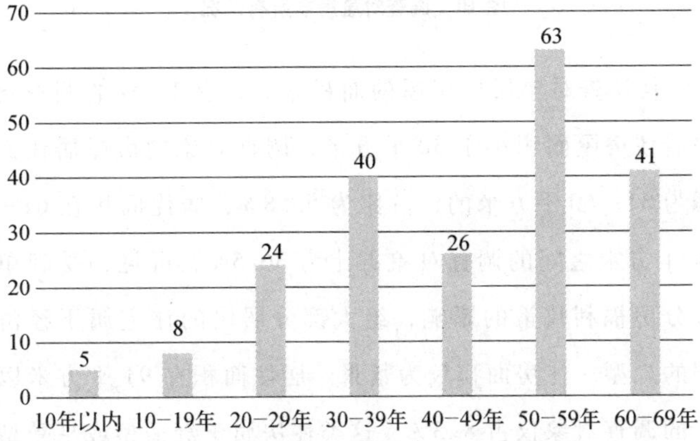

图 9　调查对象居住情况（单位：人）

从调查对象的房屋性质来看，自有住房的调查对象占 82.2%，房屋由子女所有的占 2.4%，租赁的占 1.9%，其他情况占 13.5%。

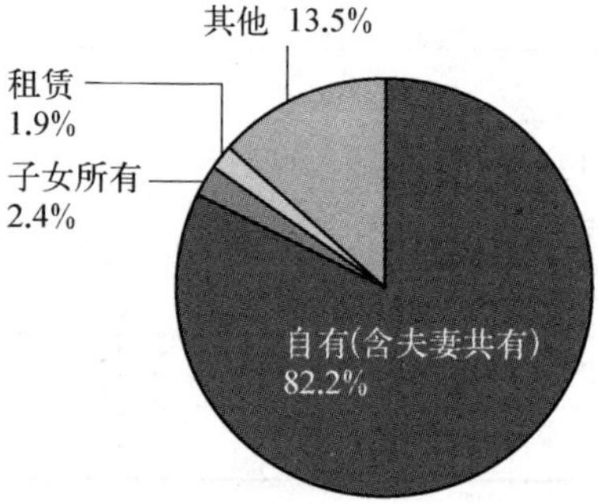

图 10　调查对象房屋所有情况

从调查对象居住房屋的面积来看，有 1.4% 的调查对象居住房屋面积小于 30 平方米，调查对象的房屋居住面积为 31—60 平方米的，占比为 53.8%，居住面积在 61—90 平方米之间的调查对象占比为 36.5%，可见，受到单位分房福利政策的影响，绝大部分居民的住宅属于经济型的户型，住房面积较为紧张。居住面积在 91 平方米以上的调查对象仅占 8.3%，这类住房属于舒适型或享受型的户型。

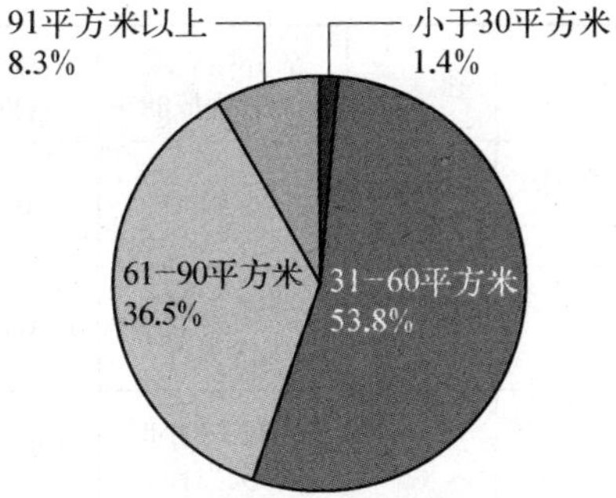

图 11　调查对象居住房屋面积分布情况

二、被访人员身体健康状况

（一）自理情况

对于此次被访人员，我们采用了巴氏指数评定表测量其生活自理能力。

表 4　巴氏指数评定表

项　目	独　立	部分独立或需部分帮助	需极大帮助	完全依赖
1. 进餐	10	5	0	0
2. 洗澡	5	0	0	0
3. 修饰（洗脸、刷牙、刮脸、梳头）	5	0	0	0

（续表）

项　　目	独　立	部分独立或需部分帮助	需极大帮助	完全依赖
4. 穿衣（系鞋带、扣纽扣）	10	5	0	0
5. 大便	10	5（每周<1 次失控）	0(失控)	0
6. 小便	10	5（每 24 小时<1 次失控）	0(失控)	0
7. 用厕（擦净、整理衣裤、冲水）	10	5	0	0
8. 下床，并走到椅子旁边，或从椅子走到床的旁边	15	10	5	0
9. 平地走 45 米（大约 100 步）	15	10	5	0
10. 上下楼梯	10	5	0	0
总　计				

评定标准：日常生活自理能力测试，满分 100 分，<20 分为极严重功能缺陷，生活完全需要照顾；20—40 分为生活需要很大帮助；40—60 分为生活需要帮助；>60 分为生活基本自理。

在本次调查对象中，有 3 人得分小于 20 分，有极严重的功能缺陷，生活完全依赖他人；有 2 人得分在 20—40 分，生活需要很大帮助；有 4 人得分在 40—60 分，生活需要帮助；

以上 9 人亟须社区干部和社会工作者的关注和照顾。此外的 199 人得分大于 60 分，生活基本自理。

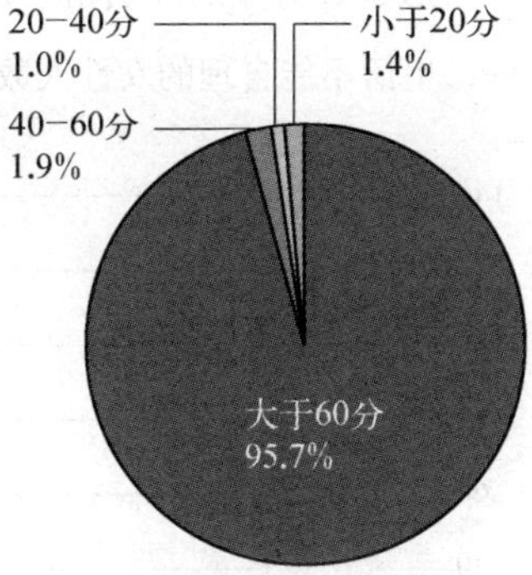

图 12　调查对象巴氏评定表得分情况

从年龄层次来看，在 80—89 岁的调查对象中，生活不能自理的居民较多，在 60—69 岁和 70—79 岁的调查对象中，生活不能自理的居民数量分别为 1 和 2。

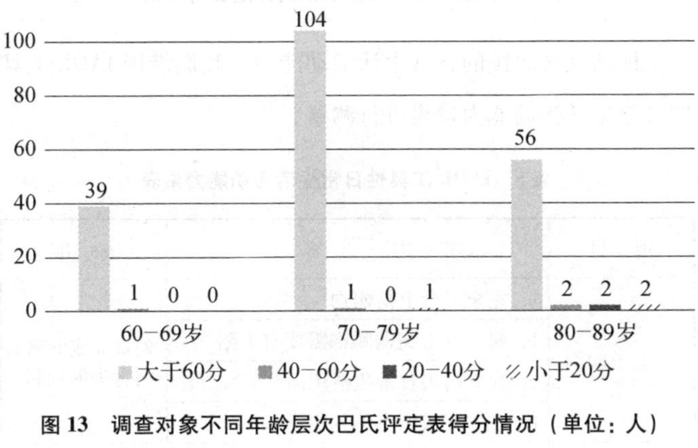

图 13　调查对象不同年龄层次巴氏评定表得分情况（单位：人）

从调查对象的性别角度来看，男性的身体状况比女性略好，生活不能自理的女性人数多于男性。

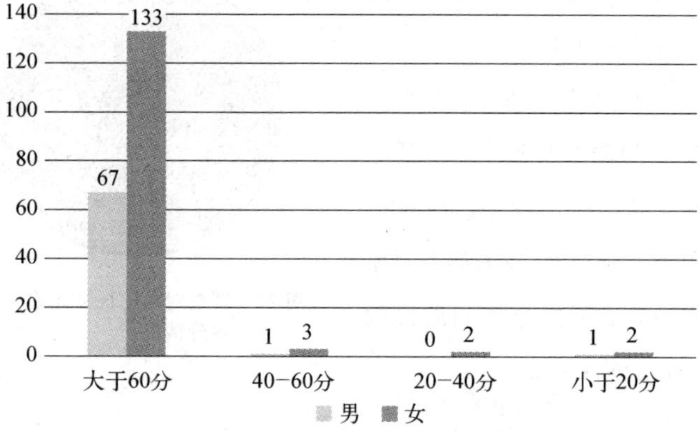

图 14　调查对象不同性别巴氏评定表得分情况

评估社区居民的日常生活活动能力，我们借用 IADL 工具性日常生活活动能力量表进行测量。

表 5　IADL 工具性日常生活活动能力量表

项　目	内　　容	标　准
1. 上街购物	a. 完全不会上街购物	勾选 a 或 b 者，列为失能项目
	b. 每一次上街购物都需要有人陪	
	c. 独立购买日常生活用品	
	d. 独立完成所有购物需求	

（续表）

项　目	内　　容	标　准
2. 外出	a. 完全不能出门	勾选 a 或 b 者，列为失能项目
	b. 当有人陪同可搭乘出租车、公交或地铁	
	c. 能够自己搭乘出租车但不能搭乘公交和地铁	
	d. 能够自己搭乘公交、地铁	
	e. 能够自己开车、骑车，能自行外出	
3. 预备食物	a. 需要别人把饭菜煮好、摆好	勾选 a 者，列为失能项目
	b. 会将已买好的饭菜加热	
	c. 如果准备好一切作料，会做一顿适当的饭菜	
	d. 能独立计划、烹煮和摆设一顿适当的饭菜	
4. 料理家务	a. 完全不能做家务	勾选 a 或 b 者，列为失能项目
	b. 所有的家务都需要别人协助	
	c. 能做家务，但不能达到可被接受的整洁程度	
	d. 能做简单的家务，如洗碗、铺床、叠被子	
	e. 能做较繁重的家务或偶尔需家务协助（如搬动沙发、擦地板、擦窗户）	

（续表）

项　目	内　　容	标　准
5. 洗衣服	a. 完全依赖他人	勾选 a 者，列为失能项目
	b. 只能清洗小件衣物	
	c. 自己清洗所有衣物	
6. 使用电话	a. 完全不会使用电话	勾选 a 或 b，列为失能项目
	b. 仅会接电话，不会拨电话	
	c. 仅会拨熟悉的电话号码	
	d. 独立使用电话，含查电话簿、拨号等	
7. 服用药物	a. 不能自己服用药物	勾选 a 或 b 者，列为失能项目
	b. 如果事先准备好服用的药物剂量，可自行服用	
	c. 需要提醒或少许协助	
	d. 能自己负责在正确的时间服用正确的药物	
8. 理财	a. 不能处理钱财	勾选 a 者，列为失能项目
	b. 可以处理日常的消费，但需要别人协助与银行的钱款往来或大宗买卖	
	c. 可以独立处理财务	

按照以上标准（上街购物、外出活动、预备食物、料理家务、洗衣服等五项中有三项以上需要协助者即为轻度失能）进

行统计，获知被访居民中有7.2%（15人）为轻度失能者。

为了更清楚地了解居民的活动能力，对于居民的失能项目进行统计，如表6。失能项目达到三项和超过三项者占比9.1%（19人），其中，有一位老人全部项目失能。

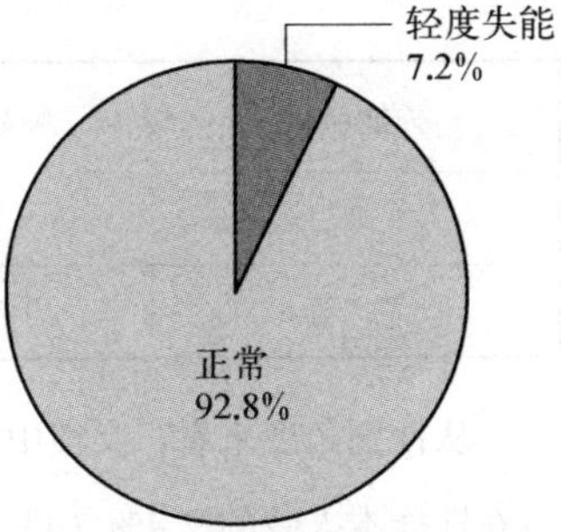

图15　调查对象失能情况

表6　调查对象失能情况

失能项目	频数（人）	占比（%）
0	148	71.2
1	27	13.0
2	14	6.7
3	5	2.4
4	2	1.0
5	4	1.9
6	2	1.0
7	5	2.4

（续表）

失能项目	频数（人）	占比（%）
8	1	0.5
总　计	208	100.0

从性别角度来看，女性中有 3 项及以上失能者占比略高，占女性样本人数的 9.4%（13 人），男性中有 3 项及以上失能者占比为 8.7%（6 人）。

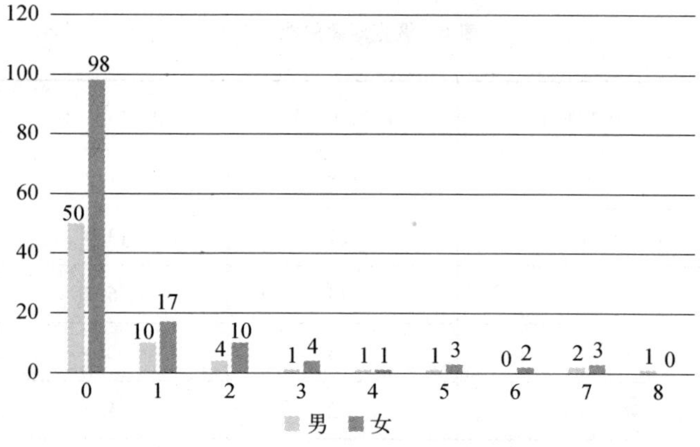

图 16　调查对象不同性别失能情况

（二）居民目前身体病痛情况

从调查对象患病情况来看，“三高”、冠心病、关节炎是影响调查对象健康的三种主要疾病，有 48.6%的人患有“三高”，有 28.4%的人患冠心病，26.4%的人患关节炎。只有 13.5%的调查对象没有任何疾病。

表 7 调查对象患病情况

疾　病	频数（人）	占比（%）
“三　高”	101	48.6
糖尿病	39	18.8
冠心病	59	28.4
脑出血	20	9.6
肾衰竭	2	1.0
贫　血	2	1.0
慢性心力衰竭	2	1.0
消化性溃疡	1	0.5
关节炎	55	26.4
肝硬化	0	0.0
其　他	94	45.2
无任何病痛	28	13.5

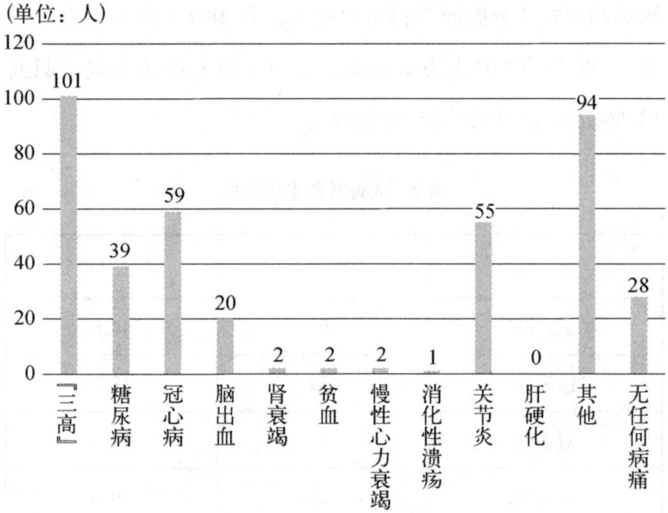

图 17　调查对象患病情况

从调查对象的患病情况可以看出，同时患有 5 项疾病的有 7 人，占比为 3.4%，同时患有 4 项疾病的有 13 人，占比为 6.3%，同时患有 3 项疾病的有 31 人，占比为 14.9%，同时患有 2 项疾病的有 64 人，占比为 30.8%，患 1 项疾病的人数有 67 人，占比 32.2%。

（三）主要照料者

87.0%的居民的主要照料者为自己或配偶，仅 1.4%的居民由保姆照料，10.6%的居民由子女照料。

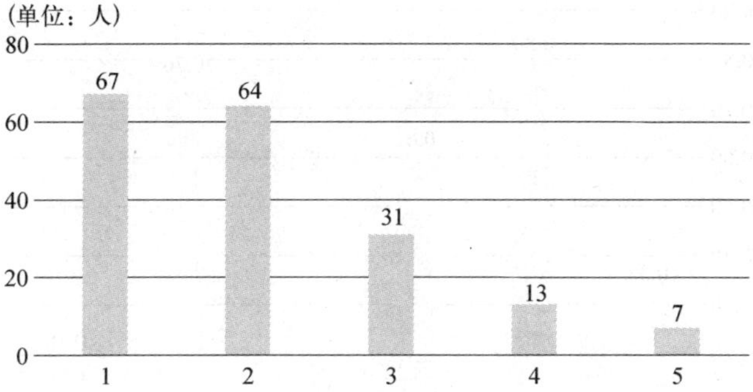

图 18　调查对象患病数量情况

（四）生活中遇到的困难及求助人情况

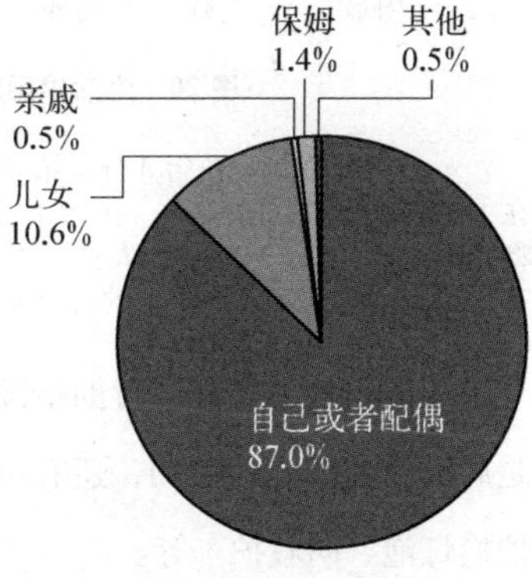

图 19　主要照料者情况

在调查对象中，有 132 名老人表示生活没有困难，所占比例为 63. 5%，有 76 名老人表示有困难，所占比例为 36. 5%。在对生活中的困难进行的评分中，得分最高的是觉得无聊，其次是为后代担心和觉得孤独。有 31 位老人提到了生活中的其他困难，比如上下楼不方便、看病挂号困难、由于自己和老伴身体不好带来的困难等。

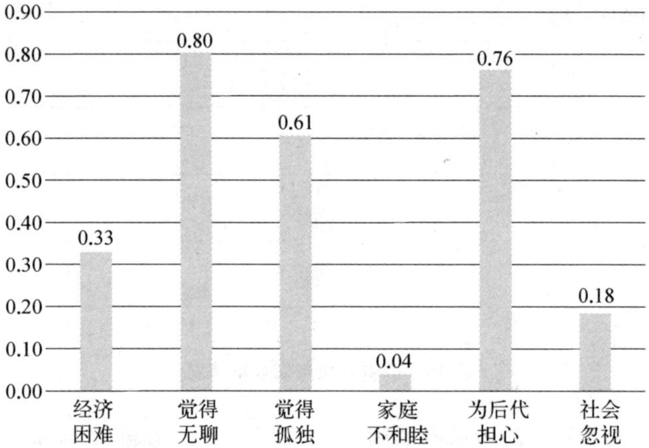

图 20　生活中困难的得分情况

＊ 选择排在第一位得 3 分，第二位得 2 分，第三位得 1 分，例如，在本题中，“为后代担心”，有 17 位老人将它排在第一位，有 2 位老人将它排在第二位，有 3 位老人将它排在第三位。总共有 76 位老人表明有困难，则“为后代担心”的得分=（17×3+2×2+3×1）/76=0. 76。

从调查对象需要的帮助情况来看，日常陪伴和活动安排是居民们最需要的帮助，还有一些调查对象提出需要有人帮忙换灯泡、叫救护车等。

三、社区服务需求

（一）D 社区居家养老服务目前的情况

被访居民中有 19. 2%的居民认为社区没有提供任何的服

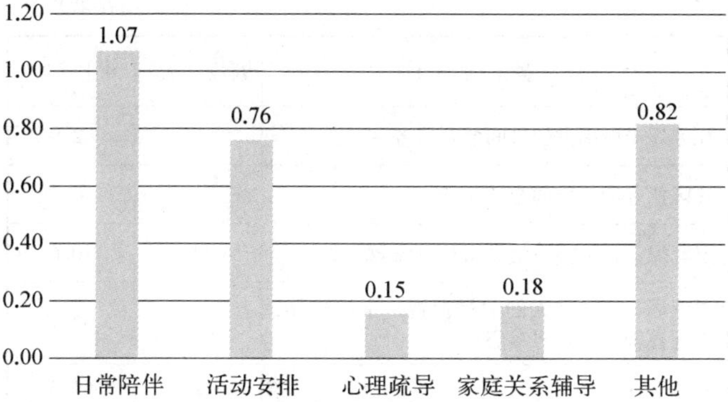

图 21　需要的帮助

务，但是有 61. 5%的调查对象认为社区有“文体活动”，32. 7%的调查对象认为社区有对高龄、独居老人的探视，19. 7%的调查对象认为社区有对失能老人的家庭护理服务。

表 8　社区提供的老年服务

服　务　项　目	频数（人）	占比（%）
老年餐桌、餐饮配送等用餐服务	25	12
体检、医疗、护理、康复等医疗卫生服务	27	13
对失能老年人的家庭护理服务	41	19. 7
对失能、高龄、独居老人的紧急救援服务	34	16. 3

（续表）

服　务　项　目	频数（人）	占比（%）
社区托老所提供的日间照料服务	6	2.9
社区托老所提供的全托服务	0	0
家庭保洁、助浴、辅助出行等家政服务	22	10.6
对独居、高龄老人的关怀探视，生活陪伴，心理咨询等精神慰藉服务	68	32.7
文体活动	128	61.5
其他	5	2.4
无任何服务	40	19.2

（二）居民使用社区服务的情况

表9　居民使用社区服务频率情况

服务项目	有，少于4次/月	有，多于（等于）4次/月	没　有
老年餐桌、餐饮配送等用餐服务	1.9	0.5	61.1
体检、（老年常见病、多发病、慢性病等）医疗、护理、康复等医疗卫生服务	4.8	0.5	53.8
对失能老年人的家庭护理服务	1.0	0.0	63.8

（续表）

服 务 项 目	有，少于4次/月	有，多于（等于）4次/月	没 有
对失能、高龄、独居老人的紧急救援服务	0.5	0.0	67.8
社区托老所提供的日间照料服务	0.5	0.0	54.8
社区托老所提供的全托服务	0.5	0.0	55.8
家庭保洁、助浴、辅助出行等家政服务	2.9	1.0	53.4
对独居、高龄老人的关怀探视，生活陪伴，心理咨询等精神慰藉服务	4.3	1.9	68.8
文体活动	21.6	8.7	52.9

从以上数据可知，大部分居民未使用社区的服务，仅“文体活动”使用的人数比较多。

（三）对于服务的需求情况及支付意愿

表10 社区服务需求及支付意愿描述统计量

服 务 项 目	*N*	极小值	极大值	均值	标准差
老年餐桌服务	70	0	100	14.09	11.74
餐饮配送服务	44	0	30	5.86	6.83

（续表）

服务项目	N	极小值	极大值	均值	标准差
体检服务	16	0	2 000	167.66	504.06
老年常见病服务	6	10	100	45.00	43.24
多发病服务	4	10	100	55.00	51.96
慢性病服务	3	10	100	40.00	51.96
护理服务	7	10	150	59.29	56.60
康复服务	3	8	20	12.67	6.43
对失能老年人的家庭护理服务	9	0	150	59.22	60.03
对失能、高龄、独居老人的紧急救援服务	11	8	150	68.27	50.87
社区托老所提供的日间照料服务	21	5	2 000	1 041.67	776.09
社区托老所提供的全托服务	15	5	4 000	2 368.33	1 478.78
家庭保洁服务	18	10	200	34.72	42.20
家庭助浴服务	8	10	30	19.38	8.21
辅助出行服务	6	10	100	30.00	34.79
对独居、高龄老人的关怀探视/生活陪伴服务	9	5	100	29.44	31.67

（续表）

服 务 项 目	N	极小值	极大值	均值	标准差
对独居、高龄老人的心理咨询服务	8	10	150	31.88	48.10
文体活动	13	0	100	13.08	27.20

* 社区托老所提供的日间照料服务、全托服务计价方式为按月计算；对独居、高龄老人的关怀探视/生活陪伴服务，对独居、高龄老人的心理咨询服务计价方式为按小时计算；其余服务的计价方式均为按次数计算。

从表格内容可以看出，调查对象最需要的是老年餐桌服务，其次是餐饮配送服务，再次是社区提供的日间照料服务。

（四）社区环境评价

“社区的生活配套设施，如超市、食堂、银行等齐备，能够满足日常需求”的平均得分为7.76，是调查对象打分最高的一项，“社区的医疗室/卫生站能够及时有效地解决常见病服务”的平均得分为7.12，“社区的步行路线丰富、安全，适合锻炼”的平均分为6.73分。“社区内有课程丰富的老年大学/老年学校”的平均得分仅为4.42，是得分最低的一项。

（五）居民情感关系

从调查对象子女探望的频率来看，子女每个月来探望4次及以上的占比为79.9%，每个月来探望2—3次的占比为11.2%，每个月探望0—1次的占比为8.9%。

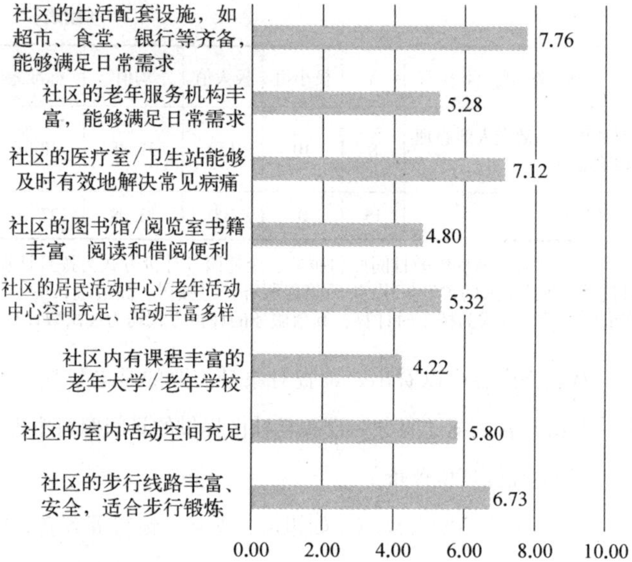

图 22　调查对象对社区环境评价情况

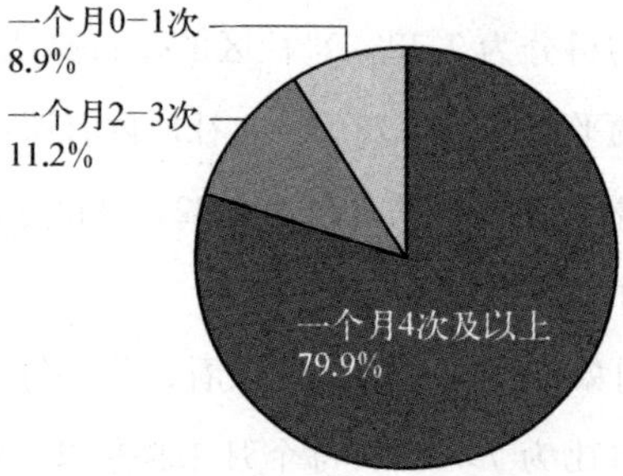

图 23　调查对象子女探望频率情况

绝大部分（93.2%）的调查对象觉得家庭成员的感情和睦，并且有71.6%的居民觉得家庭成员之间非常和睦，其乐融融。但是仍有5.3%的居民觉得家庭成员关系一般，有1.4%的居民觉得家庭成员关系不太好。

D社区居民与邻里的来往较多，有45.2%的调查对象几乎天天与邻居来往，有28.8%的调查对象经常与邻居来往，但是有1.0%的调查对象从来不与邻居来往，有8.2%的调查对象很少与邻居来往，有16.8%的调查对象偶尔与邻居来往。

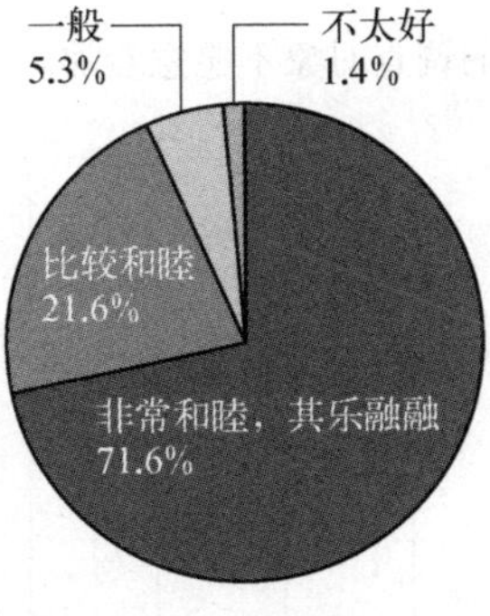

图24　调查对象家庭关系情况

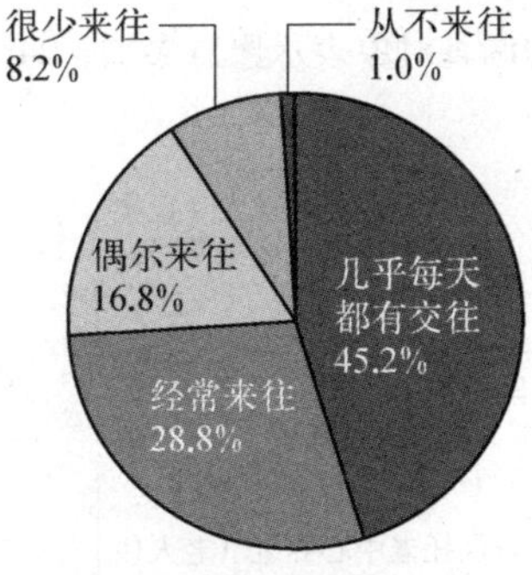

图25　调查对象邻里关系情况

当谈及是否愿意与青少年一起参加活动时，有46.9%的调查对象表示愿意与青少年一起参加活动，有42.5%的调查对象则表示不愿意，还有10.6%的调查对象表示无所谓。

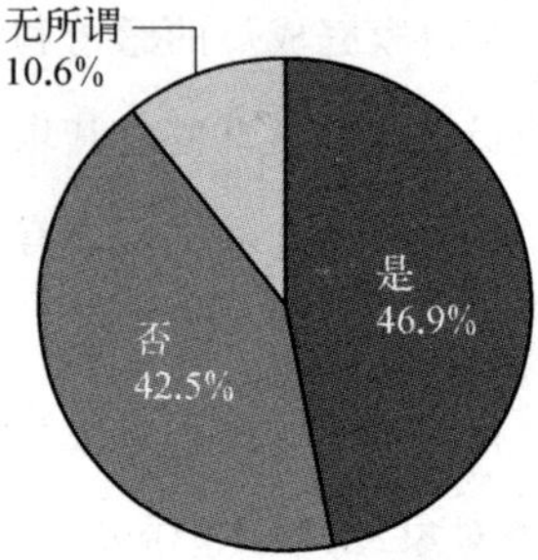

图 26　调查对象与青少年共同参与活动的意愿情况

（六）养老方式倾向

43. 3%的调查对象倾向于家庭养老，由家人提供照料，28. 4%的调查对象倾向于社区居家养老，13. 5%的调查对象倾向于在社区托老中心养老，14. 9%的调查对象倾向于养老院养老。

当谈到如果社区开办养老驿站，是否愿意参加它举办的活动、接受它提供的服务时，75. 5%的调查对象表示愿意参加，24. 5%的调查对象不愿意参加。

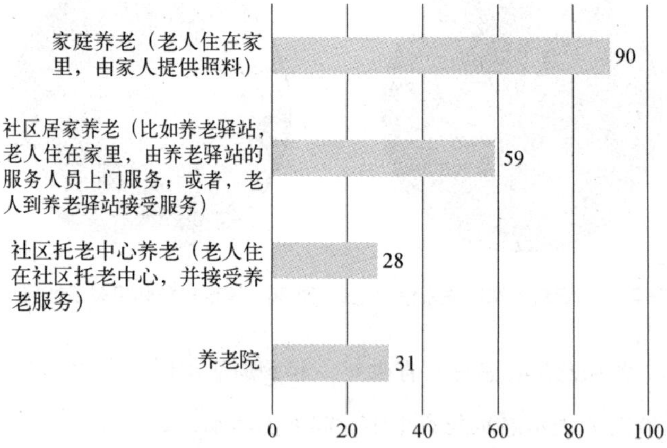

图 27　调查对象养老意愿情况

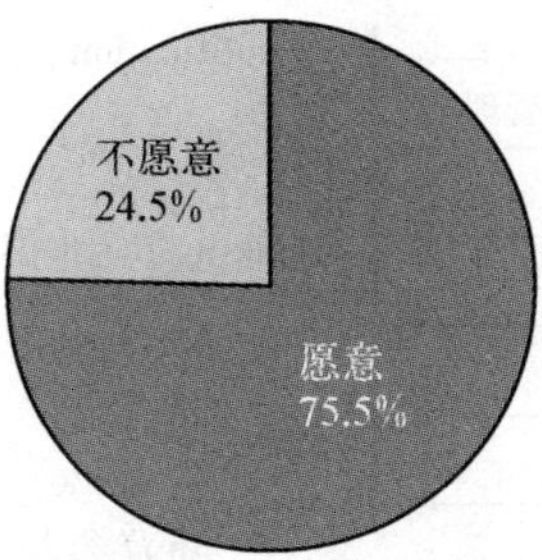

图 28　社区养老驿站参与意愿情况

居民对社区提供的老年服务提出了一些改进意见，他们比较关注活动、食堂、服务、养老等。

图 29　调查对象对社区老年服务提出的改进意见词云分析

四、社区参与

（一）社区参与程度

按照居民参与社区决策的水平，可以由低到高分为告知

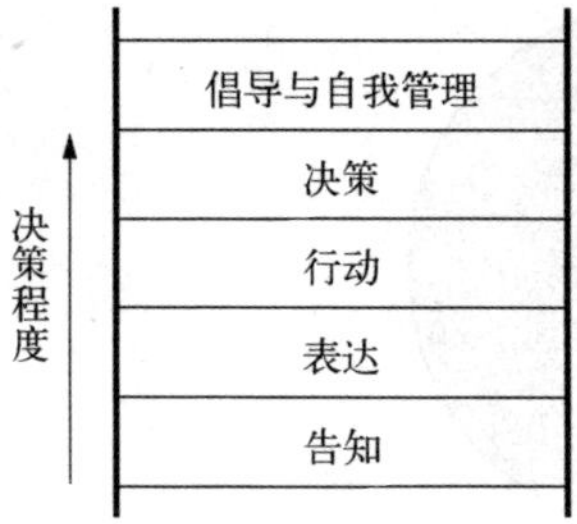

图 30　居民参与水平阶梯图

（notification）、表达（express）、行动（act）、决策（decision-making）和倡导与自我管理（initiative/self-management）五种程度。

随着参与水平阶梯的上升，调查对象的参与程度略有下降，社区参与程度的最小值是 2（非常不同意），最大值是 10（非常同意），一般参与水平的分值是 6。由此可见，社区老年居民的告知程度和表达程度高于一般水平，行动、决策、倡导与自我管理程度均低于一般水平（得分<6）。其中倡导与自我管理的水平最低。

表 11　社区居民参与活动情况

	N	极小值	极大值	均值	标准差
告知	207	2.00	10.00	6.60	2.28
行动	205	2.00	10.00	5.81	2.48
表达	204	2.00	10.00	6.24	2.60
决策	205	2.00	10.00	5.43	2.27
管理	205	2.00	10.00	4.57	1.74

那么，居民在不同参与层面上的参与水平存在显著差异吗？经过对相关样本的检验，结果显示，社区居民在五个参与层面上有显著的差异。

表 12　社区居民参与活动差异显著性检验

T	df	显著性（双尾）	平均差异	95%	差异数的信赖区间	
					下　限	上　限
告知	41.686	206.000	0.000	6.601	6.289	6.914
行动	33.585	204.000	0.000	5.812	5.471	6.153
表达	34.292	203.000	0.000	6.242	5.883	6.601
决策	34.224	204.000	0.000	5.434	5.121	5.747
管理	37.553	204.000	0.000	4.566	4.326	4.806

（二）居民的参与意愿和参与行动

在 208 名受访的老人中，有 75.7% 的老人愿意参与到社区社会组织开展的活动中；参加过社区社会组织活动的老人有 97 人，占总人数的 47.8%。需要说明的是，这一比例被低估了，这是因为，部分居民实际参与了社区社会组织的活动，但是他们并不了解社区社会组织的概念，认为自己没有参加此类组织的活动，在回答问题时存在偏差。

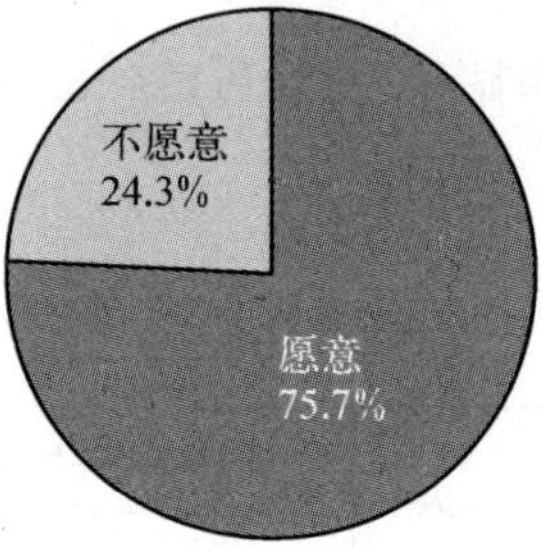

图 31　社区社会活动参与意愿

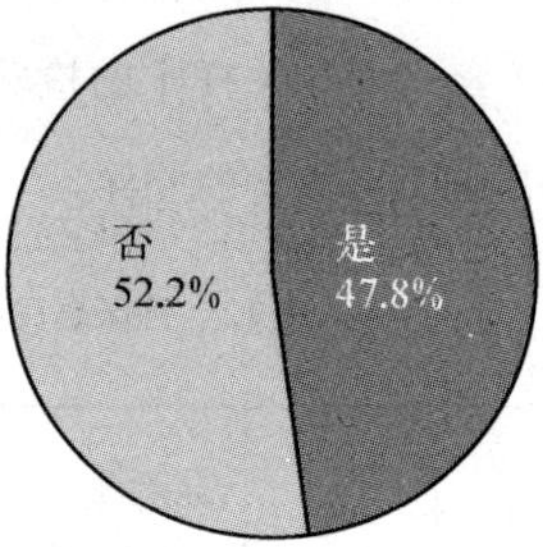

图 32　社区社会活动参与情况

调研组进一步询问了老人的社区服务意愿。我们问："您身体状况还这么好，是否想过继续从事工作或参与其他社区事务？"结果，有 84 位（40.4%）老人表示愿意继续参与工作或社区事务，这部分老人是社区可以争取、动员的对象。

同时，调研组继续追问这些愿意参与的老人："您打算具体做些什么？"回答这一问题的老人分为两种类型：第一类，"被动"的参与者，有 35 位老人没有具体的想法，或者表示只要社区需要，他们愿意尽力而为。这些老人可能不会主动参与社区事务，但是只要社区干部和积极分子进行动员，他们就愿意提供自己的力量，这些老人是社区参与的主要力量之一，值得进行持续的动员和引导。第二类，"主动"的参与者，有 34 位老人明确知道自己可以在哪些方面为社区提供服务，包括值班巡逻、文体活动、环境卫生、照顾老人等。这些老人对自己的兴趣和能力有清晰的了解，值得社区干部继续做动员工作，将这些老人发展成为社区建设的骨干力量。

表 13　调查对象愿意参与的具体工作

服务类型	有意愿的人数	具体的社区服务工作举例
值班巡逻	8	站岗执勤，社区巡逻，维护社区治安
文体活动	3	参与文体活动（如乒乓球、唱歌），组织文体活动（组织合唱、跳舞队、集体散步、书画展览）
环境卫生	7	维护社区环境卫生，有老人提及清理落叶、清理积雪，维护社区活动室的卫生等工作
照顾老人	7	帮有困难的老人买菜，提供其他上门服务
其他社区服务	9	这些老人提出了一些零散的服务意向，比如开展宣传工作、组织募捐工作、维护社区公共空间的设施、提供课后托管等

（三）参加社区社会组织活动的年数

有 93 位老人报告了他们参加社区社会组织活动的年数，总体来看，社区的老人参与社区社会组织活动的时间很长，

32.3%的老人有 1—5 年的参与时间，31.2%的老人有 6—10 年的参与时间，21.5%的老人有 11—20 年的参与时间，有 14 位老人参与时间长达 21 年以上。

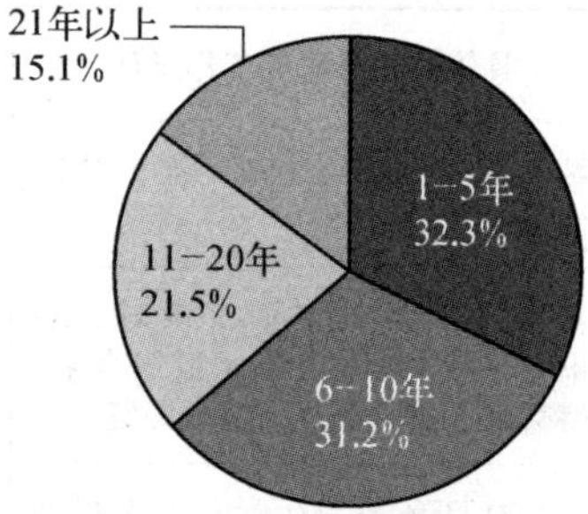

图 33　调查对象参与社区组织活动的时间

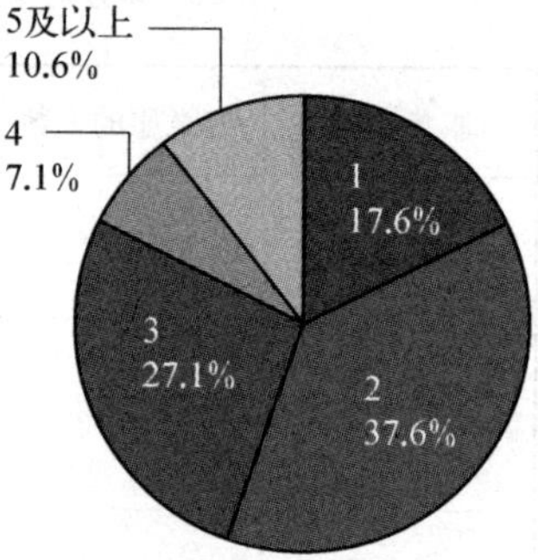

图 34　调查对象参加社区社会组织的数量

（四）参加社区社会组织的数量

有 85 位老人报告了他们参与社区社会组织的数量。45.2%的老人参加了 1—2 家社区社会组织；有 10.5%的老人十分活跃，参与了 5 个以上的社区社会组织。

（五）社区参与的类型

调研组将社区参与的类型划分为以下四种：志愿慈善型参与、文化休闲型参与、福利服务型参与和环境卫生型参与，调查组同时询问了老人的参与频率和每个月的参与时间。

调查发现，根据参与频率的变化，参与人数呈现出“两极分化”的分布形态，即大部分老人要么经常参与社区社会组织，要么从未参与社区社会组织，而偶尔参与和很少参与的人数较少。如何吸引“从未参与”的老人参与活动，如何鼓励“很少参与”和“偶尔参与”的老人转变成为“经常参与”的老人，这些问题值得社区干部和骨干分子深入思考。

在横向对比时，项目组发现，志愿慈善型参与人数、环境卫生型参与人数、文化休闲型参与人数、福利服务型参与人数依次递减。

同时，志愿慈善型的参与时间、文化休闲型的参与时间、环境卫生型的参与时间、福利服务型的参与时间依次递增。

表 14　调查对象参与慈善型社区组织的情况

志愿慈善型的社区组织	经常参与	偶尔参与	很少参与	从未参与
志愿者服务队	63	12	4	76
邻里守望队或社区治安巡逻队	70	10	6	78
慈善组织	15	8	5	21

表 15　调查对象参与文化休闲型社区组织的情况

文化休闲型的社区组织	经常参与	偶尔参与	很少参与	从未参与
文艺团体（合唱队、舞蹈队等）	32	12	7	95
运动型团体（篮球队、羽毛球队、舞剑队等）	14	6	4	61
社区健康、养生活动（义诊等）	5	9	7	44

表 16　调查对象参与福利服务型社区组织的情况

福利服务型的社区组织	经常参与	偶尔参与	很少参与	从未参与
我为社区其他老人提供照顾和情感关怀活动	29	6	2	66
我为社区儿童提供课后托管	1	2	1	30
我为社区其他人提供老年/残障人居家、送餐服务	3	3	2	29

表 17　调查对象参与环境卫生型社区组织的情况

环境卫生型的社区组织	经常参与	偶尔参与	很少参与	从未参与
社区绿化和环境美化	53	10	4	62
社区卫生维护（如卫生清洁、垃圾处理）	66	11	4	67
社区生态保护	18	8	3	22

（六）骨干分子的人数

调研组询问了老人是否是社区社会组织的骨干分子或负责人，有 100 位参与者回答了这一问题。其中，有 21 人（12%）是社区骨干。

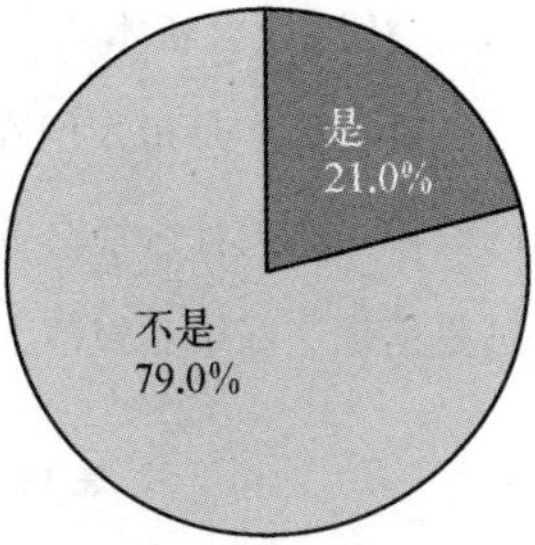

图 35　社区骨干分子人数情况

（七）社区社会组织的成立时间

有 87 位老人回答了关于社区社会组织成立时间的问题，有 43.7%的人认为自己参加的社会组织成立了 6—10 年，有许多调查对象不清楚社区社会组织成立了多久。未来，项目组在开展社区社会组织的工作时，应当加强对社区社会组织的概念、功能和服务历史的宣传。

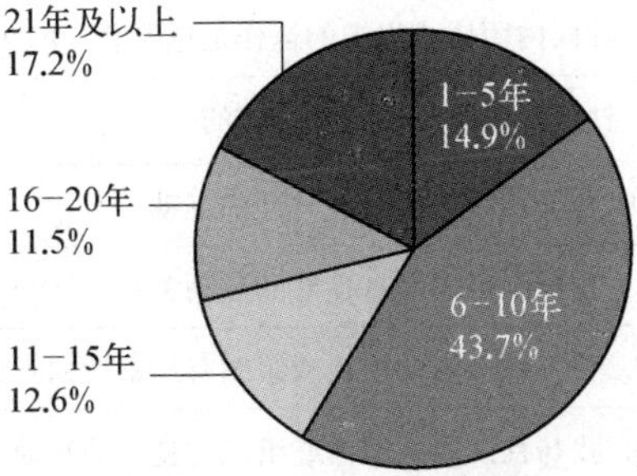

图 36　社区社会组织成立时间情况

五、 社区社会资本

社会资本是指人们在社会结构中所处的位置给他们带来的资源。有关社区社会资本的 27 个问题，可以归为三类，分别是信任、网络和规范，具体分类如下表：

表 18 社区社会资本归类

信　任	1. 我能够信任社区内大部分居民
	2. 社区内大部分居民彼此信任
	3. 我能够信任我的同事
	4. 我的（普通）朋友或工作伙伴能够信任我
	5. 我能够信任社区内的团体或组织
	6. 我认为社会上大多数人是值得信任的
	7. 我认为各级政府部门是值得信任的
	8. 社区内团体或组织的运作是透明公开的
	9. 社区内大部分居民是诚实的
网　络	10. 我与社区居民有经常性的互动
	11. 我与社区居民有良好的互动关系
	12. 我与社区内的团体或组织有经常性的互动
	13. 我与社区内的团体或组织有良好的互动关系
	14. 我与社区外的社会人士有经常性的互动

（续表）

网　络	15. 我与各级政府部门有经常性的互动
	16. 我有可以一起讨论事情的（普通）朋友或工作伙伴
	17. 我时常与社区居民分享各种信息
	18. 我能够获取社区团体或组织的相关信息
规　范	19. 当我或我的（普通）朋友或工作伙伴遇到困难时，会彼此相互协助
	20. 如果社区内有人需要协助，居民们通常会主动帮忙
	21. 社区内大部分居民彼此相互照应
	22. 社区大多数人关心他人的利益
	23. 如果有影响整个社区的问题，大部分的居民会设法共同解决
	24. 如果有影响整个社区的问题，我觉得我有义务帮忙解决
	25. 尽管不是切身之事，我也会乐于投入有利于其他社区居民的相关事务
	26. 我认为现在帮助别人未来也能得到某种回报
	27. 我认为受到别人的帮助我有义务给予回馈

通过对信任、网络和规范的描述性统计，我们可以看出，信任的平均得分最高，为8.0，即表明居民之间有较强的信任感，这是单位制小区得天独厚的优势，良好的人际信任关系是开展社区建设工作必不可少的前提条件；其次是规范，得

分为7.4，表明居民拥有互帮互助、助人为乐的道德修养；而网络的得分仅为6.6，与信任和规范的得分有一定的差距，表明居民之间虽然相互信任，也愿意无条件地帮助他人，但是由于一部分居民缺乏互动，他们之间尚未形成广泛的、紧密的社会网络，这一结果呼应了调研组之前的发现，即居民在参与社区社会组织的过程中呈现两极分化的状况，一部分居民积极参与，而另一部分居民很少参与，因此，总的来看，网络的得分相对较低。

表19　社区社会资本描述性分析

	N	极小值	极大值	均值	标准差
信任	204.00	4.44	10.00	8.02	1.07
网络	204.00	2.00	10.00	6.62	1.43
规范	200.00	3.33	10.00	7.44	0.99

六、社区服务满意度

居民对社区服务总体是满意的，有58.2%的居民表示满意，还有20.2%的居民表示非常满意，表示不满意和非常不满意的居民占比均为1.4%。

从各项服务来看，对于基层政府（如街道）的服务，有

37.5%的居民表示满意，有 38.9%的居民表示非常满意，仅有 3.8%的居民对于基层政府的服务表示不满意，1.4%的居民表示非常不满意。对于居委会/服务站的服务，有 36.5%的居民表示满意，有 45.7%的居民表示非常满意，而表示不满意的居民占比为 2.9%。对于老年服务，仅有 34.6%的居民表示满意，有 10.1%的居民表示非常满意，有 27.4%的居民表示服务一般，有 11.5%的居民对于老年服务表示不满意，有

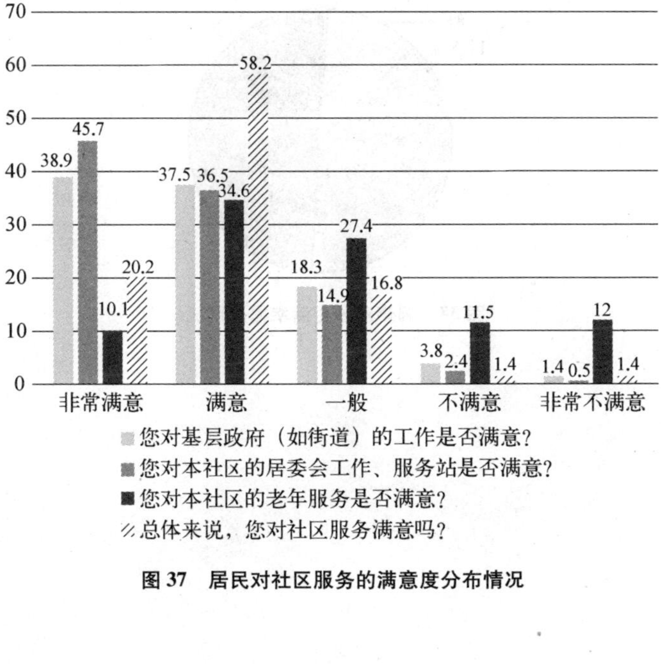

图 37　居民对社区服务的满意度分布情况

12%的居民表示非常不满意。但是从总体来看，居民对社区服务的满意度较高。

从生活幸福程度来看，大部分居民生活幸福，有 49.0%的居民表示生活非常幸福，有 38.5%的居民表示生活比较幸福，有 11.5%的居民认为生活一般，认为生活不太幸福和不幸福的居民各有 1 位，均占 0.5%。

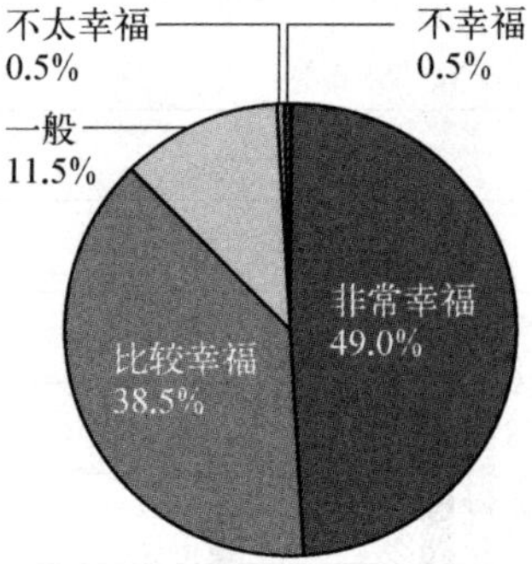

图 38　调查对象生活幸福度情况

参考文献

[1] 柴倩倩. 浅谈社会工作专业大学生职业生涯规划意识的培养［J］. 东方企业文化，2015（21）：376.

[2] 陈莹. 抗逆力培育下失独老人的身份认同危机及重建［J］. 社会工作与管理，2022，22（1）：23-31.

[3] 方舒. “三社联动”中社会工作的双重协同及其内在机理［J］. 中州学刊，2021（2）：85-91.

[4] 费梅苹. “融和型”社区青少年社会工作服务模式探究［J］. 华东理工大学学报（社会科学版），2005（3）：41-44.

[5] 顾东辉. 生命价值、生命能量激发与制度保障灾后社会工作的多元反思［J］. 社会，2009，29（3）：159-166.

[6] 关信平. 我国社会工作服务的多元化体制建设［J］. 社会工作与管理，2020，20（5）：5-13.

[7] 何雪松，侯秋宇. 城市社区的居民参与：一个本土的阶

梯模型［J］. 华东师范大学学报（哲学社会科学版），2019，51（5）：33－42+236.

［8］何雪松，吴怡烨. 沟通、系统与改变：反思卢曼对社会工作的启示［J］. 社会工作与管理，2020，20（1）：6－12.

［9］胡加燕. 社会工作对外来务工子女家庭教育的补充作用探究——以蓓蕾成长计划项目为例［J］. 才智，2017（24）：181－182.

［10］黄君. 身份、能力与保障：儿童主任政策运行的困境和出路［J］. 社会工作，2020（4）：77－86+111－112.

［11］黄晓星，杨杰. 社会服务组织的边界生产——基于Z市家庭综合服务中心的研究［J］. 社会学研究，2015，30（6）：99－121+244.

［12］贾丽婷. 增能视角下老年社会工作介入路径思考［J］. 社会与公益，2020（7）：18－21.

［13］景天魁. 创建和发展社区综合养老服务体系［J］. 苏州大学学报（哲学社会科学版），2015，36（1）：29－33.

［14］孔凡飞，王仿. 社会工作介入残疾人服务的理论框架与实践思考——基于残疾人需求的视角［J］. 党政干部学刊，2021（2）：76－80.

[15] 柯红波. 走向和谐“生活共同体”：城市化进程中的社区分类管理研究［M］. 浙江工商大学出版社，2013：197.
[16] 雷洁琼，王思斌. 转型中的城市基层社区组织：北京市基层社区组织与社区发展研究［M］. 北京：北京大学出版社，2001.
[17] 陆士桢，王玥. 青少年社会工作服务（下）［M］. 北京：社会科学文献出版社，2010.
[18] 雷杰，黄婉怡. 实用专业主义：广州市家庭综合服务中心社会工作者“专业能力”的界定及其逻辑［J］. 社会，2017，37（1）：211－241.
[19] 李培林. 社区治理成为一个核心议题［J］. 哈尔滨工业大学学报（社会科学版），2013，15（6）：1.
[20] 李强，王拓涵. 新清河实验：基层社会治理创新探索［J］. 社会治理，2017（7）：56－63.
[21] 李想. 社会工作介入农村社区文化建设［J］. 商，2015（44）：62.
[22] 李晓壮. 党建引领城市社区治理实践路径的体制性探索［J］. 广东行政学院学报，2020，32（3）：33－40.
[23] 李迎生，杨静，徐向文. 城市老旧社区创新社区治理的探索——以北京市 P 街道为例［J］. 中国人民大学学

报，2017，31（1）：101－109.
[24] 刘士林. 中国城市治理现代化的路径 [J]. 书屋，2021（4）：4－7.
[25] 楼梦妤. 探索社会工作融入为老服务 [N]. 中国社会报，2021－09－29（1）.
[26] 吕新萍. 从社会排斥到社会共融——农民工融入城市的途径与方法 [J]. 中国特色社会主义研究，2010（6）：64－68.
[27] 马凤芝. 比较视角下军休社会工作发展路径、原则和方法 [J]. 社会工作，2021（6）：11－20+100－101.
[28] 马凤芝. 社会工作参与社会救助的模式建构 [J]. 国家行政学院学报，2017（4）：104－109+148.
[29] 马烨，武季亚. 困境儿童的家庭复原力培育：建构社区保护因子 [J]. 社会福利（理论版），2021（3）：19－25.
[30] 穆光宗，朱泓霏. 中国式养老：城市社区居家养老研究 [J]. 浙江工商大学学报，2019（3）：92－100.
[31] 苗欣，刘竹韵，王晨，吴怡慧，安薇如. 流动人口主体老旧社区的社区微中心兼容性更新研究——以长沙市望月湖小区岳龙社区为例 [J]. 城市建筑，2019，16（26）：58－62+65.

[32] 牛小溪. 老年社会工作与社区养老相融合研究［J］. 才智，2018（34）：245.

[33] 秦岭. 居家适老化改造的实践框架与方法研究［D］. 清华大学，2021.

[34] 陶宇，朱晓玙. 中西方“家文化”差异下的家庭社会工作实践路径探究［J］. 新视野，2018（6）：96-102.

[35] 涂宇明. 大学生志愿服务参与社区治理的路径研究［J］. 湖北开放职业学院学报，2021，34（7）：102-103.

[36] 王思斌. 努力实现社会工作参与脱贫攻坚的目标［J］. 中国社会工作，2019（10）：46.

[37] 王思斌. 社会工作要积极、创造性地参与脱贫攻坚［J］. 中国社会工作，2017（25）：1.

[38] 王思斌. 社会工作导论［M］. 北京：高等教育出版社，2013.

[39] 王思斌，关信平，史柏年. 社会工作专业化及本土化实践［M］. 北京：社会科学文献出版社，2006.

[40] 吴亦明. 现代社区工作：一个专业社会工作的领域［M］. 上海：上海人民出版社，2003.

[41] 王杨，邓国胜. 社工机构与社区居委会合作机制的理论解释——四个合作案例的比较分析［J］. 中国行政管理，

2017 (11): 55-60.

[42] 王杨，邓国胜. 社会资本视角下青年社会组织培育的逻辑 [J]. 中国青年研究，2015 (7): 47-51.

[43] 王杨. “元网络” 策略：社区社会组织培育效果的理论解释——基于多案例的分析 [J]. 中国行政管理，2022 (1): 64-73.

[44] 王杨. 结构功能主义视角下党组织嵌入社会组织的功能实现机制——对社会组织党建的个案研究 [J]. 社会主义研究，2017 (2): 119-126.

[45] 王杨. 社会服务参与中社会资本形成机制的个案研究——以服务学习为视角 [J]. 中国非营利评论，2015, 16 (2): 170-190.

[46] 王杨. 社会工作参与社区治理的行动策略——以全国首个城市 “慈善社区” 试点创建项目为例 [J]. 中州学刊，2016 (7): 77-81.

[47] 王杨. 社会工作推动社会治理创新的三个分析维度 [J]. 华东理工大学学报 (社会科学版)，2016, 31 (1): 39-45.

[48] 王杨. 社会组织在社区治理中的合法化路径与策略——基于北京市一个草根社会组织的个案研究 [J]. 中州学

刊，2018（12）：79－84.

［49］王婴. 充分发挥社会工作在基层民政中的作用［J］. 中国社会工作，2019（4）：1.

［50］夏建中. 从参与社区服务到参与社区治理——论青年志愿者的工作转型［J］. 青年学报，2019（3）：72－79.

［51］夏建中. 中国城市社区治理结构研究［M］. 中国人民大学出版社：社会学文库，2011（12）：388.

［52］夏建中. 中国城市社区治理结构研究［M］. 北京：中国人民大学出版社，2012.

［53］夏建中，特里·N. 克拉克. 社区社会组织发展模式研究：中国与全球经验分析［M］. 北京：中国社会出版社，2011.

［54］徐安琪. 家庭价值观的变迁特征探析［J］. 中州学刊，2013（4）：75－81.

［55］徐晓军. 社会弱势群体的边缘化及其应对［J］. 西北师大学报（社会科学版），2015，52（6）：57－64.

［56］杨娜，高春凤. 社会工作视角下社区文化活动项目化管理的思考［J］. 经济研究导刊，2012（18）：189－190+296.

［57］杨善华. 中国当代城市家庭变迁与家庭凝聚力［J］. 北京

大学学报（哲学社会科学版），2011，48（2）：150－158.
［58］张荣，张珊明. 困境儿童抗逆力提升的社会工作思考与对策［J］. 教育教学论坛，2020（17）：41－42.
［59］张艳，曹海林. 社区治理共同体建设的内在机理及其实践路径［J］. 中州学刊，2021（11）：64－69.
［60］张艳国，朱士涛. 社区治理：理论、模式与研究方法的发展及反思［J］. 社会科学动态，2020（3）：5－21.
［61］赵佩. 优势视角与青少年社会工作［J］. 唯实（现代管理），2018（2）：62－64.
［62］赵卫华，周芮. 社区失落还是社区解放：传统老旧社区邻里关系变迁研究——以北京大栅栏街道为例［J］. 开发研究，2016（4）：163－171.
［63］郑杭生，邵占鹏. 治理理论的适用性、本土化与国际化［J］. 社会学评论，2015，3（2）：34－46.
［64］朱健刚，陈安娜. 嵌入中的专业社会工作与街区权力关系——对一个政府购买服务项目的个案分析［J］. 社会学研究，2013，28（1）：43－64+242.
［65］张世青. 城市贫困人口社会救助主体的救助责任研究［D］. 山东大学，2016.

[66] 张晓熠. 肢障儿童康复项目计划书 [D]. 华中师范大学，2013.

[67] 周晴. 大学生就业问题的社会工作干预研究 [D]. 南京大学，2019.

[68] GILCHRIST A. The well-connected community 3E：a networking approach to community development [M]. Policy Press, 2019.

[69] THOMAS D N. Organising for social change：a study in the theory and practice of community work [M]. Routledge, 2021.

[70] BEIRENS H, HUGHES N, HEK R. Preventing social exclusion of refugee and asylum seeking children：Building new networks [J]. Social policy and Society, 2007, 6 (2)：219 - 229.

[71] LEDWITH M, ASGILL P. Critical alliance：Black and white women working together for social justice [J]. Community Development Journal, 2000, 35 (3)：290 - 299.

[72] THEODORE N, MARTIN N. Migrant civil society：New voices in the struggle over community development [J]. Journal of Urban Affairs, 2007, 29 (3)：269 - 287.

[73] OLIVER P E, MARWELL G. The paradox of group size in collective action: a theory of the critical mass [J]. American Sociological Review, 1988: 1-8.

后　记

2012年，党的十八大报告提出要加快形成政社分开、权责明确、依法自治的现代社会组织体制。2008年汶川地震之后如雨后春笋般生长起来的民间社会力量有了进一步发展的方向，社会组织将提高自治能力作为自己的目标，大量社会组织开始重视发挥理事会和专家团队的作用，提高自治水平和专业能力。而学术界深切感受到了社会组织的发展为中国基层社会带来的新活力，因而学者不断地扎根基层、嵌入社会组织开展跟踪式学术研究。学术与实务的结合为我国社会组织的发展带来了新的气象，这是社会组织领域学者和实务工作者引以为豪之处。2013年，党的十八届三中全会召开，提出要改进社会治理方式，激发社会组织的活力。各地政府开始购买社会组织服务，掀起了社会治理创新热潮，社会组织成为主要的服务供应商。从此之后，社会治理领域成为社会组织的一个重要创新场，为获得政府信赖、赢得自身发展，